EL CAMINO SECRETO HACIA LA PROSPERIDAD

RICARD RODULFO

Aviso Legal

ÍNDICE

INTRODUCCIÓN

Queridos lectores.

En este libro he optado por escribir sobre uno de los aspectos que me consultan más frecuentemente: **los problemas económicos y cómo superarlos.** He recopilado todos mis conocimientos y experiencia, referentes a la capacidad de superar **dificultades económicas**, adquiridos a través de experiencias propias y de acompañamientos a clientes en cursos, talleres y consultas individuales.

Puede que tus problemas económicos coincidan con una crisis personal, o deriven de una crisis que afecta al conjunto de una región, un país o a todo el mundo. Pero si hay algo que debes tener muy claro es que, al final, serás **tú quien tenga que buscar los medios para salir adelante.** Y eso **dependerá**, en gran medida, **de tu capacidad para gestionar la situación,** más que de la situación en sí.

No esperes en ningún caso que políticos o instituciones vengan a salvarte.

Tu bienestar económico depende de ti, aunque sé, que no siempre se está en las condiciones óptimas para gestionar la situación y generar suficientes ingresos económicos que te permitan disfrutar de total tranquilidad. Y **es en este punto cuando entra en juego el contenido de este manuscrito.**

En este libro te quiero hablar sobre todos los factores que interfieren y pueden bloquear tu capacidad para generar recursos económicos, así como de **todo lo que necesitarás para planificar y materializar un plan de mejora de la economía personal, familiar o empresarial.**

En estas páginas encontrarás todo lo importante, SIN RELLENOS.

Te hablaré de casos reales y de aspectos que te pueden ayudar a ti y a cualquiera que desee prosperar. Te sorprenderá la influencia que tienen ciertos detalles que muy pocas personas conocen y que, en la mayoría de las ocasiones, pasan desapercibidos.

Miles de personas, tanto desempleados, como trabajadores y empresarios, desperdician enormes cantidades de talento, talento que, bien canalizado, se podría transformar en creatividad, innovación y mejora de productividad.

Esa mejora de productividad generaría múltiples recursos y riqueza, pero puede acabar en la basura por no prestar atención a diferentes aspectos relacionados con los estados emocionales presentes o pasados de las personas en cuestión, y que, impiden o bloquean la plena capacidad de concentrarse para ofrecer lo mejor de sí mismas.

A lo largo de la primera parte del libro te voy a hablar de todos los aspectos que te pueden limitar, siendo tú, consciente o no de ello, y que si se gestionan y se transforman, pueden producir un giro de 180º grados en tu vida.

La **prioridad de este libro** es la de **proporcionarte todas las herramientas necesarias para que puedas tener seguridad y bienestar económico,** y que puedas acceder a **la vida que quieres llevar**, sintiendo plenitud, satisfacción, tranquilidad y paz.

Al final de lo que se trata es de **VIVIR BIEN**, sentirte vital y **disfrutar de la vida**.

Si consigues eso, **serás rico.**

¡Adelante!

Ha llegado el momento **de mejorar considerablemente tu situación económica y personal.** Y digo personal porque cuando se liberan los bloqueos que interfieren en la economía, uno se da cuenta de que también estaban interfiriendo en su estado de ánimo y en la forma en la que se relacionaba con su entorno. Tras ello, se **mejora sustancialmente la calidad de las relaciones personales** y, por supuesto, la **sensación de bienestar.**

¡Ánimo! **¡Pon toda tu energía en ello!**

"EL CAMINO SECRETO HACIA LA PROSPERIDAD" está basado en la autoobservación de cómo pensamientos, sentimientos y emociones llegan a influir en la materialización, o no, de proyectos u objetivos personales. Se incluyen "protocolos de acción" para transformar y liberar todo lo que puede estar generando bloqueos de la prosperidad.

Disfrutarás de una exquisita combinación de las siguientes aportaciones:

- Biodescodificación
- Programación neuro lingüística (PNL)
- Leyes de la creación y de la atracción

Personalmente, recomiendo releer el libro de vez en cuando porque en cada lectura irás integrando más información, al tiempo que realizarás un trabajo de crecimiento interior.

El texto está expresado en género masculino para no escribir continuamente lector/a, o/a.

¡Feliz lectura a todos y todas!

CAPÍTULO 1
LEY DE LA CREACIÓN

Seguro que has conocido a alguna persona que después de quejarse o maldecir sobre su trabajo, su jefe, o sus compañeros durante meses e incluso años, acaba siendo despedida. Dicha persona no se ha dado cuenta de que durante todo ese tiempo ha estado creando esa realidad de manera involuntaria, pero eficaz. Al no gustarle lo que experimentaba y subyacer un sentimiento de no desear ir a trabajar, "no ir a trabajar" se convirtió en su realidad. Por supuesto, esa persona buscará culpables de su "mala suerte". No obstante, mientras mantenga esa actitud negativa, lo único que hará es incrementar y alargar su sufrimiento.

Otras personas atraviesan esta situación en su vida en pareja. Temen que su pareja les deje, y su temor termina materializándose. No entienden que sus miedos desembocan en tensiones y conductas propias que acabarán generando un distanciamiento en la relación, hasta provocar la ruptura.

Si has experimentado alguna situación similar, o ante cualquier dificultad que te surja, debes tomar un respiro y preguntarte: **¿Es posible que yo haya contribuido a crear esta situación?**

Con el mero hecho de plantearte esa pregunta ya estarás dando un gran paso a tu favor.

Todo lo que vemos y experimentamos en nuestro entorno ha sido creado por algo o por alguien.

Si existe, ha sido creado. **CAUSA→EFECTO.**

Esta es la base de la Ley de la creación

Diferentes fuerzas han colaborado para crear todo lo que existe, ya sean las fuerzas de la Naturaleza, las fuerzas del universo, o la influencia de los humanos. De una manera u otra, estas fuerzas están totalmente interrelacionadas. Cualquier movimiento en un sentido o en una de estas tres áreas, generará un efecto en las otras dos y, finalmente, acabará devolviendo el efecto a la primera.

Véase lo que sucede en la naturaleza. Cómo los excesos o manipulaciones producidas por humanos, tienen efecto en la atmósfera y en las fuerzas de la naturaleza, que acabará afectando al planeta tierra, y volviendo nuevamente a los humanos.

Lo mismo puede suceder en ecosistemas como las empresas. La manipulación o presión sobre personas por parte de jefes, encargados, o incluso de compañeros de trabajo puede llegar a bloquear la motivación, creatividad y productividad de las personas afectadas, afectando al crecimiento y los beneficios de la empresa y en última instancia a los propietarios de la empresa.

CAUSA→EFECTO

En el ámbito de lo material... Todo aquello que vemos a nuestro alrededor, todo lo que ha sido construido, lo que ha sido fabricado, elaborado, procesado…, todo lo que tenemos en nuestras casas: los miles de materiales fabricados y colocados por profesionales, cada componente de un automóvil, todo lo que vemos al pasear por la calle, todo lo que utilizamos a diario, todo lo que podemos adquirir en cualquier comercio, o a través de la contratación de un servicio… todo… antes de ser materializado ha sido imaginado y pensado por la mente de una o varias personas.

Ese es justamente el proceso que necesita cualquier cosa para ser creada. **Primero debe ser pensada (CAUSA)**, debe ser vista, imaginada por la persona que la quiere crear. Tras ello, tal vez esa persona diseña esa cosa sobre el papel, le da la forma y la función para la cual está pensada, y... **con el tiempo se acaba materializando (EFECTO).**

En el ámbito material, esto es fácil de comprender.

Pues bien, **este es el principio a partir del cual funciona todo en la vida.** Por tanto, debemos tener en cuenta que **todo (EFECTO) en nuestra vida**, todo lo que nos sucede, todo lo que experimentamos… **es consecuencia de una CAUSA. Esa es creada de manera consciente o inconsciente por nosotros mismos o por influencias sutiles, pero al mismo tiempo potentísimas, y que provienen del sistema familiar o del entorno en el que vivimos.**

Sí. Seas consciente de ello o no, todo lo que te sucede ha sido creado por tu sistema de creencias, que en realidad son las que acaban tomando las decisiones de tu día a día. Creencias que vienen de todo lo vivido por la familia, la comunidad en la que vives o la sociedad en general, y que han ido calando en tu subconsciente. Desde ahí, desde el subconsciente se pueden "hackear" o boicotear parte de tus decisiones, e incluso llevarte a situaciones complicadas por fidelidad a dichas creencias.

Es hora de poner remedio a cualquier "hackeo" o boicot de tu vida.

Es hora de observar. Debes tener presente que cualquier pensamiento que aflore desde tu mente, tendrá la capacidad de crear tu realidad.

Un ejemplo muy significativo que muestra la capacidad de crear realidad, lo tenemos en el Dr. Ángel Escudero, un cirujano de Valencia que no utiliza anestesia química. Desde muy joven, creyó en que la mente humana tiene toda la capacidad de influir en el propio cuerpo y así lo materializó. A lo largo de su larga trayectoria profesional ha realizado más de 3000 intervenciones quirúrgicas enseñando a sus pacientes a anestesiar cualquier zona de su cuerpo a través del pensamiento.

Esas personas han logrado modificar la realidad de sus propios cuerpos, estando totalmente despiertas y conscientes durante el transcurso de la operación. Sus terminaciones nerviosas sensitivas no activaban los mecanismos del dolor durante la intervención, las recuperaciones postoperatorias fueron más rápidas y nunca hubo una infección.

Esta es una prueba de la posibilidad que tenemos de modificar la materia y su funcionamiento a partir de lo que creemos. Es la Ley de creación en plena acción.

En realidad, **todos tenemos la capacidad de crear todo aquello en lo que creemos**. "Aquello que crees, creas"

Así pues, debes tener muy claro que cualquier cosa que te esté aconteciendo, antes, ha podido ser creada por ti. Quizás eso suceda a partir de un pensamiento, quizás a partir de un temor, a lo mejor a partir de una preocupación… tal vez apareció en tu vida o en tu mente algo a lo que le diste fuerza a través del pensamiento y que, finalmente, ha acabado tomando la forma de tu realidad.

Ya sé que este concepto puede generar cierta controversia, y que en muchas mentes puede provocar incluso un cortocircuito cerebral…

- **¿Cómo vas a querer vivir una situación de escasez?**
- **¿Cómo vas querer crearte un estado de malestar?**
- **¿Cómo vas a querer crearte una experiencia de sufrimiento?**

Por favor, NO te enfades, ni te preocupes… sigue leyendo y lo entenderás.

Es muy importante **integrar este concepto, ya que te evitará vivir desde una posición victimista,** que no te ayudaría absolutamente nada a acceder a un estado de abundancia y prosperidad.

Cada vez que dices "no puedo" o "no tengo", estás emitiendo un mensaje interno, hacia ti mismo y hacia el exterior, a la vida, a la tierra, a todas las personas de tu alrededor, a la humanidad y al universo. En ese mensaje transmites que estás en estado de carencia:

- No puedo llegar a fin de mes
- No puedo comprar algo que deseo
- No tengo suficiente dinero
- No tengo pareja
- No tengo trabajo
- No tengo automóvil
- No puedo irme de vacaciones
- No tengo tiempo

Todas estas frases, que nos resultan tan familiares, transmiten un mensaje en línea con la carencia, ausencia de… Y, de ese modo, se hace muy difícil obtener abundancia o prosperidad en lo que se menciona.

Tu cerebro se está acomodando a ese estado y va a comenzar a generar discursos y actos que retroalimentarán e incrementarán dicho estado.

De hecho, sí que se genera abundancia. En realidad, **se incrementa todo aquello que se verbaliza**, todo aquello de lo que se habla, todo lo que se siente de forma intensa. No importa si se trata de algo agradable o desagradable.

Abundancia de "no puedo llegar a fin de mes", abundancia de "no puedo", y abundancia de "no tengo".

La abundancia estará siempre a tu disposición. Estará siempre presente en grandes cantidades. Solo tú puedes decidir sobre aquello en lo que quieres ser abundante. Puedes elegir ser abundante en "puedo", o abundante en "tengo". O, por otro lado, puedes elegir ser abundante en "no tengo", o abundante en "no puedo".

Tú decides...

- ¿Qué tipo de abundancia escogerás?
- ¿Prosperidad o carencia?

Hasta aquí, te estoy explicando cómo has podido CREAR un EFECTO indeseado.

Es fácil que esta forma de crear realidades te pase desapercibida. Pero el hecho de que no lo hagas intencionadamente o que no te hayas dado cuenta de ello, no impide que puedas crear cualquier situación a partir de lo que estás verbalizando y sintiendo.

Todos estamos creando realidad de forma ininterrumpida. No es necesario tener conciencia de ello. Se trata de una función automática de la vida y de cómo interactúa nuestro cerebro con la vida.

Como continuamente estás creando realidad, **tu realidad**, resultará más que interesante **entrenar tu mente para que se centre más en lo que QUIERES o DESEAS** (bienestar económico, buena salud, relaciones de calidad), que en todo aquello que NO QUIERES tener en tu vida (carencias, dificultades, sufrimientos, etc.).

Entrenando la atención puedes llegar a hacer conscientes todos los pensamientos, sentimientos, e incluso emociones (CAUSA) que han podido provocar la carencia o el problema (EFECTO).

Hasta este punto te he hablado sobre las causas conscientes, todas las que surgen desde el raciocinio y el pensamiento consciente. Pero hay mucho más. Existen diversas causas que nacen en un lugar más profundo, nacen del subconsciente y las llamaremos "CAUSAS inconscientes".

En cuanto a las **"CAUSAS inconscientes"**, te enumeraré unas cuantas, y me comprometo a profundizar en cada una de ellas en próximos capítulos:

- Memorias familiares inconscientes
- Creencias limitantes adquiridas
- Desvalorizaciones grabadas en la infancia
- Traumas y heridas del pasado
- Hábitos sociales limitantes

Todas estas **"CAUSAS"** pueden estar ejerciendo una influencia de hasta el 90% en el **"EFECTO"** (situación de dificultad) que estás experimentando. Te invito a que leas más sobre ello en los siguientes capítulos, fijándote en los casos reales sobre diferentes dificultades y sus causas inconscientes. Hacerlo te ayudará a hacerte una idea sobre la vital importancia e **influencia que ejerce todo lo inconsciente, en lo que experimentas en tu vida.**

Hoy en día, existe una gran cantidad de estudios sobre neurociencia en los que se afirma que, el 95% de las decisiones que tomamos, se toman de forma instintiva e inconsciente. A través del estudio en profundidad de las **"causas"** que he mencionado anteriormente, puedes ir ganando consciencia y llevar luz a todo lo que te estaba limitando de forma inconsciente, desde la sombra, y que te puede haber llevado a vivir experiencias indeseadas.

CAPÍTULO 2
LEY DE LA ATRACCIÓN

Ahora toca hablar de la llamada **Ley de la atracción**. Esta ley está basada en el precepto de que podemos atraer y conseguir todo aquello que nos propongamos. La ley defiende la idea de que si focalizamos nuestra energía mental en un deseo o en un objetivo concreto, vamos a **ATRAER** hacia nosotros dicho objetivo.

Lo puedes imaginar como si cada persona fuese un inmenso imán que atrae hacia sí todo aquello que está pensando, imaginando o sintiendo.

La diferencia entre Ley de la creación y la Ley de atracción es muy sutil. La primera pone en marcha los mecanismos necesarios para crear una realidad concreta. La segunda actúa atrayendo todo lo necesario para materializar aquello que deseas. Las dos leyes forman casi una unidad.

Una explicación simbólica, y que te puede ayudar a comprender el funcionamiento de la Ley de atracción, puede ser la siguiente:

Nuestro sistema nervioso funciona gracias a la transmisión de impulsos eléctricos desde las neuronas del cerebro hacia todos los nervios. Estos impulsos eléctricos generan un campo magnético, aunque sea mínimo. También generan una frecuencia vibratoria. Pues bien, ese campo magnético es suficiente para influir en nuestro entorno y qué, por magnetismo o atracción, se nos acerquen personas o situaciones que vibran en la misma frecuencia o en una frecuencia muy similar. Esto es lo que hará que se pueda materializar y **hacer realidad aquello que estamos pensando o sintiendo.**

Es muy importante tener presente que, al igual que la Ley de creación, la Ley de la atracción funciona constantemente. Es decir, que con intención o sin ella, esta ley funciona en todo momento y, por lo tanto, se atrae hacia uno mismo todo aquello que se piensa y siente independientemente de si es agradable o desagradable.

Si estás atravesando una situación de preocupación, puede incrementarse debido a la atracción, y que se añadan más elementos de los que preocuparte. Es como cuando comentas que estás pasando una "mala racha", un momento de tu vida en el que parece que todo se tuerce y todo te sale mal. Incluso habrá alguien que diga que te "han echado un mal de ojo".

Cuesta mucho salir de esa "mala racha". Esto es debido a que, cuantas más adversidades experimentas, más preocupaciones y más pensamientos negativos generas, y a causa de ello, la "mala racha" va en aumento. Al final, parece que estás inmerso en un círculo vicioso en el que el malestar y la preocupación se retroalimentan y no hacen más que incrementarse.

La Ley de la atracción, junto a la Ley de creación, se basan en el concepto de que, a partir de un pensamiento, unido a un sentimiento o estado de ánimo, el contenido del pensamiento se puede llegar a materializar y hacer realidad.

El libro "El Secreto" de Rhonda Byrne habla extensamente sobre este tema.

Cada vez hay más estudios científicos relacionados con la física cuántica que corroboran esta idea. Es decir, que la ciencia cada vez tiene más pruebas de la evidencia científica de esta hipótesis.

Se han hecho experimentos a través de los cuales se ha podido comprobar cómo la mirada del observador influye en el resultado final del experimento. Puedes encontrar información sobre uno de estos experimentos en el siguiente enlace:

Experimento de la doble rendija:

https://blogs.20minutos.es/ciencia-para-llevar-csic/2015/11/12/el-experimento-fisico-mas-hermoso-de-todos-de-los-tiempos-la-doble-rendija/

Si lo deseas, puedes ver el vídeo aquí:
https://www.youtube.com/watch?v=Y9ScxCemsPM

Así pues, y teniendo en cuenta la Ley de la atracción y la Ley de la creación, debemos saber que al enfocarnos en todo aquello que deseamos, tenemos muchas posibilidades de conseguirlo.

Estamos generando nuestra realidad de forma continuada.

Todo lo que conforma nuestro presente y nuestra situación personal actual es fruto de nuestros pensamientos y sentimientos pasados.

Debes tener muy en cuenta que tus pensamientos y sentimientos presentes, interactuando con la Ley de la atracción y la Ley de la creación, darán forma a tu futuro inmediato. Por ello, es de vital importancia que seas totalmente consciente de los pensamientos que tienes y que seas especialmente cuidadoso con ellos. Pon especial atención en todo aquello que pasa por tu mente en todo momento, porque si estás pensando en las dificultades que vives, debido a la Ley de la atracción y a los principios de la creación, seguirás atrayendo a tu vida más dificultades.

Si sigues pensando en el problema o preocupación, estás sembrando la semilla de aquello que crecerá y que tendrá cada vez más peso en tu vida. Como consecuencia, se irán generando más situaciones que intensificarán la preocupación y la sensación de dificultad. Por lo tanto, lo mejor será que mantengas una mente limpia el mayor tiempo posible. **Mantén la mente impregnada de pensamientos relacionados con aquello que SI que quieres y deseas en tu vida.**

Si estás atravesando dificultades en el trabajo o no te gusta el empleo que tienes, más que pensar en las dificultades que tienes, te emplazo a que te centres en la posibilidad de un cambio. **Concentra toda tu energía en aquello que te gustaría tener**: el tipo de trabajo, la remuneración, el horario, la relación con los compañeros, todo lo que te venga en mente y que encaje con lo que te gustaría estar viviendo a nivel laboral.

Debes centrar toda tu atención en lo que quieres experimentar, en todo lo que sueñas, y por supuesto, tomar acción.

Ya sé que, a veces, esto es algo muy difícil de hacer, sobre todo cuando se atraviesa una dificultad. Todavía resulta más difícil cuando se tiene algún problema de salud. Pero ten presente que eso no impide que la Ley de la atracción y la Ley de la creación sigan su curso, incrementando en tu vida todo aquello que estés sintiendo en esos momentos.

Cada vez que detectes que estás enfocado en un problema, malestar o dificultad, **procura redirigir la atención mental hacia la posible solución**. Aunque no sepas como solucionar tu problema, confía en que aparezca una idea, una persona o un mensaje que te pueda ayudar a dar los primeros pasos para solucionar aquello que te preocupa.

Pregúntate qué es lo que quieres en tu vida:

- ¿Quieres salud o enfermedad?
- ¿Quieres pobreza o abundancia económica?
- ¿Quieres un trabajo duro, o un empleo satisfactorio?
- ¿Quieres soledad, o una buena red de amistades?
- ¿Quieres conflictos en las relaciones o armonía?
- ¿Quieres una relación de pareja gratificante o decepcionante?
- ¿Quieres una familia amorosa o una familia fría, distante

o conflictiva?

Ahora te propongo realizar el siguiente ejercicio:

1) Piensa en si hay alguna dificultad en alguna faceta de tu vida, y presta atención a cómo te sientes pensando en dicha dificultad.

2) Si te sientes mal, dirige tu pensamiento hacia aquello que te gustaría estar experimentando y centra tu mente en ese objetivo.

3) Mantén tu atención tanto tiempo como te sea posible en lo que SI que quieres experimentar. De esta manera, podrás apartar la atención de la dificultad, impidiendo que la Ley de la atracción y la Ley de la creación materialicen dicha dificultad constantemente.

4) Dedica unos minutos a crear en tu mente la imagen perfecta de lo que podría ser la solución a tu problema, pensando ya únicamente en esa solución.

5) Puedes ir apuntando en un papel las posibles soluciones que aparezcan en tu mente.

6) Obsérvate mentalmente con el objetivo conseguido.

7) Déjate impregnar por la sensación que experimentarás con el objetivo materializado.

Cuanto más tiempo mantengas esa imagen en tu mente y tus pensamientos dirigidos a ello, más cerca estarás de hacer realidad ese pensamiento. Estarás más cerca de materializar la solución a aquello que te preocupa. Es cuestión de entrenamiento, de práctica, de estar atento a todo lo que te viene a la mente, y de filtrar pensamientos. De este modo, se apartarán todos aquellos pensamientos relacionados con el problema y se centrará **toda la atención en los pensamientos que representan la solución**, dedicando el máximo tiempo posible a ello.

¿POR QUÉ "EL SECRETO" NO FUNCIONA?

No se puede afirmar rotundamente que el libro "El Secreto" no funcione. Pero mucha gente se hace esa pregunta tras leer el libro e intentar llevarlo a la práctica.

La verdad es que el libro intenta transmitir la esencia sobre la Ley de la atracción y explicar cómo, educando a la mente y a través de la visualización, puedes llegar a conseguir todo lo que te propongas.

Desde mi punto de vista, el contenido del libro es correcto. No obstante, al llevarlo a la práctica puede chocar con aspectos que bloquean la capacidad de materialización de aquello que te has propuesto conseguir.

¿Por qué una persona que necesita más dinero para llegar a fin de mes no consigue mejorar su situación por mucho empeño que ponga en mejorar su economía?

¿Por qué cuando deseas hacer el viaje de tus sueños, te surgen dificultades que te impiden materializarlo?

¿Por qué deseas conocer a tu dulce "media naranja" y solo llegan a tu vida amargos "limones"?

¿Cuáles pueden ser los factores que bloquean la consecución de un objetivo propuesto?

Los factores que entran en esta ecuación son varios. En la siguiente lista enumeramos algunos factores que se explicarán más en profundidad en los próximos capítulos:

- Preocupaciones
- "Herencia familiar"
- Menosprecio, *bullying* (intimidación, acoso) en la infancia
- Educación recibida
- Sistema de creencias
- Traumas y heridas del pasado
- Emociones no expresadas
- Miedos, etc.

Así pues, en muchas ocasiones, "El Secreto" no funciona porque está activo uno o varios de los factores que acabamos de enumerar. Esto hace que, por mucho que una persona se concentre "conscientemente" en su objetivo, una parte "inconsciente" mucho más poderosa estará empujando en sentido contrario e impidiendo la materialización de dicho objetivo.

De la mayoría de estos factores, al menos de los que más influencian y bloquean el acceso a la abundancia y la prosperidad, no se habla en el libro "El Secreto".

Te animo a que sigas leyendo porque te sorprenderás de la influencia de algunos de estos bloqueantes y cómo generan los bloqueos.

Estás a punto de entrar en un mundo fascinante.

En consulta verifico semana tras semana, cómo muchas personas pueden pasar años de angustia debido a un simple bloqueo. Además, al localizar dicho bloqueo, trabajarlo en profundidad, y liberarlo, cambia la situación profunda y positivamente en cuestión de días o semanas.

Es increíble ver qué repercusión tienen estos factores bloqueantes, y para mí es apasionante ayudar a detectarlos y liberarlos. Observando cómo, a partir de ese momento, se producen mejoras en el aspecto económico, social, de pareja, familiar, o a nivel personal.

Ha sido esta motivación la que me ha llevado a escribir este libro. Hacer llegar al mayor número posible de personas una visión complementaria y, **en parte**, **novedosa**, sobre todo lo que influye en la capacidad de acceder a la abundancia y a la prosperidad.

Prueba a llevar a la práctica todo el contenido de este libro, y observa los resultados que genera en tu vida.

Estoy impaciente por recibir tu correo electrónico explicando las mejoras que has obtenido y cómo estás viviendo el proceso.

Estoy seguro de que te sorprenderás y querrás implantar toda esta metodología a todas las facetas de tu vida.

¡Bienvenido a la prosperidad!

CAPÍTULO 3
LA FÓRMULA MÁGICA

Las fórmulas más potentes y efectivas no tienen por qué ser complicadas. En muchas ocasiones, ocurre todo lo contrario. **Cuanto más sencillo es algo, mejor funciona.**

Una fórmula que tiene un efecto "mágico" es la siguiente:

"SI YO ESTOY BIEN, TODO IRÁ BIEN"

Puedes repetir en voz alta la frase… "SI YO ESTOY BIEN, TODO IRÁ BIEN"

Es tan sencillo como esto. Si consigues estar bien, sentirte bien, en paz, sin preocupaciones y tensiones, tanto externas como internas, entonces tienes todo a favor para que las cosas vayan bien. De este modo, será posible materializar cualquier objetivo que te propongas.

Es cuestión de hacer un ejercicio de auto-observación de forma periódica.

- Se trata de ir observando cómo te sientes y detectar qué es lo que no acaba de permitirte entrar o permanecer en un estado de tranquilidad.

- Prueba a localizar tu malestar. Si no acabas de identificar con qué está relacionado ese malestar, en los próximos capítulos encontrarás mucha más información que te ayudará con ese propósito.

- Una vez detectado el problema, a continuación, hay que hacer un trabajo de liberación emocional o de cambio de percepción respecto al bloqueo.

- Primero intenta hacer el trabajo de transformación por ti mismo, con tus propios recursos y por tus propios medios, este libro te ayudará.

- Si no consigues avanzar por ti mismo/a, busca ayuda y acompañamiento especializado (hay muchos bloqueos que son difíciles de ver por uno mismo y se hace necesaria una visión externa, neutral y formada para detectarlos). Sobre todo, tienes que tener en cuenta que **la cuestión está en sentirse en PAZ**.

No siempre es necesario sentir alegría, estar contento, ser feliz. Evidentemente todo eso ayuda, pero la sensación de tranquilidad y confianza, de que está todo en orden, es muy poderosa y capaz, por sí misma, de desbloquear muchos de los aspectos que impiden acceder al bienestar y a la prosperidad.

Recuerda: **"SI YO ESTOY BIEN, TODO IRÁ BIEN"**. Esta es la fórmula. Este es el mensaje que debes repetir hasta interiorizarlo e integrarlo.

Este tiene que ser el eje sobre el que gire tu vida:

"SI YO ESTOY BIEN, TODO IRÁ BIEN".

Piénsalo un poco:

- ¿Qué sucede en tu cuerpo cuando estás bien y te sientes bien?
- ¿Notas que hay mucha más energía disponible para emprender, crear, disfrutar?
- ¿Notas que, en esos momentos, eres capaz de transmitir dicho estado de bienestar a las personas que te rodean?

Una persona que está bien, que está en PAZ, que siente que todo está en orden, es capaz de armonizar los ambientes en los que se mueve. Su vibración y su estado van mucho más allá de los límites de su cuerpo, llegando a influir en las personas e incluso en la materia que la rodea.

Todos hemos experimentado alguna situación en la cual una persona de mal humor genera tensión en todo el espacio a su alrededor e, incluso, puede llegar a incomodar y alejar a decenas de personas. También sucede lo contrario. Una persona que se siente bien, que está en PAZ, puede armonizar todo el espacio y a las personas que la rodean, incluso las atrae.

Aún podemos ir mucho más allá.

¿Te puedes imaginar la influencia que puede tener un directivo de una gran empresa, un líder político, o un líder de opinión, si está bien, se siente en Paz consigo mismo y con su vida? Sin duda alguna, su buen estado de ánimo se transmitirá a toda la estructura de la empresa u organización. Y con ello se transmitirá a todas las personas con las que se relacionen, o quienes dependan de las opiniones o decisiones de esos líderes.

¡Cuántas veces vemos a través de los medios de comunicación a líderes políticos que lanzan mensajes llenos de rabia y de ira, cargados de frustración y agresividad contra sus adversarios!

Lo único que generan es la crispación de la población que los escucha. No sé si esa es la intención que persiguen, pero lo que sí puedo afirmar es que ese tipo de mensajes no benefician ni aportan mejoras a la población, más bien al contrario. Estos mensajes pueden generar división, disputas y enfrentamiento, cosa que irá en contra del bienestar y la prosperidad de los ciudadanos.

Por todo ello, se hace necesario un cambio de conciencia y llevar a cabo un trabajo interior para sentirte bien y alcanzar el estado de PAZ a nivel particular. Eso te ayudará a llevar esa armonía hacia el exterior, a nivel colectivo.

Ahora vamos al siguiente bloque, en el que profundizo sobre todos los aspectos que dificultan o bloquean la prosperidad.

1ª PARTE
GRANDES BLOQUEANTES DE LA ABUNDANCIA Y PROSPERIDAD

CAPÍTULO 4

EL "PESO" DE LA HERENCIA FAMILIAR

¿Qué quiero decir con: **"el peso de la herencia familiar"?**

Cuando hablo del peso de la herencia familiar, me refiero a la carga de los dramas de nuestros antepasados. En muchas ocasiones, podemos llevar encima esa carga y no nos permite avanzar o culminar nuestros deseos.

Se trata de un fenómeno que tiene una gran influencia. Sin embargo, y en la mayoría de ocasiones, pasa totalmente desapercibido para la persona que lo está sufriendo.

¿Has escuchado en alguna ocasión decir a alguien... no hay forma de encontrar trabajo, o de consolidar una relación, o de llegar a final de mes y ahorrar algo?

Cuando, por mucho que se esfuerce, una persona no acaba de obtener los resultados esperados, hay que comenzar a pensar que hay algún impedimento a nivel inconsciente que no le permite alcanzar su meta. La persona afectada lo vive como una especie de "maldición". Se sentirá enfadada, frustrada, ya no sabrá qué hacer... incluso la persistencia de esta situación puede llevarla a la pérdida de motivación y a la depresión. Lo curioso es que, en realidad, lo que su subconsciente intenta hacer es protegerle para evitar un mal mayor, pero...

- ¿Puede existir un mal mayor que no conseguir un trabajo para subsistir?
- ¿Puede existir un mal mayor que no consolidar ninguna relación de pareja, por muchos esfuerzos que se hagan para mantener las relaciones?

¡¡La respuesta es SI!!

Bueno…en realidad es SI y NO.

Vamos por partes…

La función principal del cerebro es la de coordinar todos los datos y señales necesarios para hacer que el cuerpo sobreviva. Ajustará todo el sistema biológico para permitir que puedas sobrevivir como individuo, e incluso como especie.

A nivel colectivo hay una necesidad de perpetuar la especie. Es decir, procrear y mantener la vida para no poner en riesgo el futuro de la especie.

Si en una familia se ha vivido un gran drama asociado al trabajo, esto puede generar en alguno de los descendientes, un gran estrés inconsciente cuando se relaciona con lo laboral. Este estrés también lo percibirá sutilmente la persona que entreviste a ese descendiente en una entrevista de selección de personal. El entrevistador lo captará y pensará: "Esta persona tiene miedo a trabajar, no quiere trabajar. Mejor no la contrato".

A nivel consciente, la persona sí quiere el trabajo y, además, lo necesita. Pero su inconsciente lo está bloqueando, lo intenta impedir utilizando todo lo que está a su alcance.

En mi consulta he visto casos como este.

Persona que busca trabajo y no hay manera de conseguirlo, hace un gran esfuerzo y no consolida nada. Al echar un vistazo a su árbol genealógico y a su historia familiar, encontramos que uno de sus abuelos murió a causa de un accidente laboral. Y **ahí ya tenemos el factor estresante**. Esa persona dejó esposa y varios hijos sin medios para salir adelante. Esa situación supuso la dispersión de la unidad familiar, dejando a algunos hijos con otros familiares o en una casa cuna, por no poder alimentarlos. Todo un drama familiar a partir de la muerte de uno de los miembros de la familia en su puesto de trabajo.

Los descendientes de ese abuelo son "herederos" y portadores de ese drama que vivió la familia, aunque no todos experimentarán efectos negativos a causa de ello. Puede que solo afecte a una persona de entre, quizás, veinte descendientes. Pero la situación puede generar mucho estrés, frustración y sensación de impotencia a esa persona a la que se le active ese recuerdo.

La parte positiva de este fenómeno es que, una vez detectado e interiorizado el problema, una vez se ha comprendido por qué el inconsciente impide acceder a los objetivos… el nivel de estrés inconsciente se reduce y suelen darse cambios que permiten conseguir las metas planteadas.

Caso real:
Fran está en una situación de dificultad económica. Encuentra trabajos, pero no consigue que le renueven los contratos.

Le pregunto qué suele pasarle... y me contesta que se le suelen repetir ciertas situaciones. Me cuenta que empieza bien, que está muy a gusto con las tareas que hace y con el resto del personal de la empresa. No obstante, al cabo de un tiempo comienza a desconfiar de los compañeros de trabajo y esa desconfianza hace que esté más tenso, más nervioso y termina discutiendo con ellos. Esta situación genera mal ambiente entre los compañeros y cuando la empresa lo detecta, opta por no renovarle el contrato de trabajo.

Eché un vistazo a su historia familiar hasta dar con un conflicto que encajaba con la lógica de la situación que vivía esta persona:

Un bisabuelo suyo era propietario de una empresa en la que tenía varios trabajadores contratados. Trabajaban todos juntos, hombro a hombro. Estalla la Guerra Civil en España y, tras varios meses de contienda, algunos de los trabajadores denuncian a su jefe a las autoridades, acusándole de ser un activista del bando contrario. El bisabuelo de Fran fue apresado y torturado. Pudo sobrevivir, pero en su mente quedó grabado a fuego: "no puedo fiarme de los trabajadores, de los compañeros", o "cuidado con los compañeros, si te traicionan te pueden llevar al sufrimiento, a la tortura".

Ese es el mensaje que movía los hilos de la situación laboral de Fran en la sombra. "No me puedo fiar de mis compañeros", "si me traicionan voy a sufrir"... Solución: hacer todo lo posible para que no le renueven el contrato, salir de ahí antes de que me denuncien y sufra.

Fran se daba cuenta de que él mismo acababa generando disputas y mal ambiente, pero no lo podía controlar. Era una energía que tenía más fuerza que la razón.

Cuando se dio cuenta de la lógica de la situación, del "por qué" perdía el trabajo, comprendió todo. Le sugerí que hiciese un trabajo de desconexión simbólica respecto al drama de su bisabuelo y de la creencia inconsciente que le acompañaba. En menos de una semana estaba de nuevo trabajando. Y en esa ocasión sí le renovaron el contrato. En la actualidad, Fran sigue trabajando y colaborando con sus compañeros. La desconfianza se disolvió totalmente.

En mi consulta veo multitud de bloqueos asociados a experiencias dramáticas que han vivido los ancestros de la persona consultante. Se trata de bloqueos que impiden acceder a esa persona a una solvencia económica, una pareja estable, tener hijos, amistades, una buena relación con la familia…

Se trata de una serie de desórdenes que impiden a esas personas sacar el máximo partido a la vida, les impiden disfrutar de todas las posibilidades que hay a su alcance. Como consecuencia, estos desórdenes acaban siendo una fuente de extrema frustración y en algunos casos puede llevar incluso a la enfermedad.

Cuando algún drama familiar bloquea la abundancia y la prosperidad en alguna faceta de tu vida, puede deberse a:

- Fidelidad al drama, y al familiar que sufrió ese drama

- Reparación del drama familiar

Fidelidad al drama, y al familiar que sufrió ese drama:

Es muy habitual ver cómo se repite el patrón de la persona que vivió el drama.

Por ejemplo: un abuelo se arruinó, perdió todo su dinero en juegos de azar. Un nieto puede estar en "fidelidad inconsciente" con ese drama y no conseguir dinero suficiente para vivir con tranquilidad, a pesar de los esfuerzos que hace continuamente.

Reparación del drama familiar:

Poniendo el mismo ejemplo anterior, el del abuelo que pierde todo su dinero en juegos de azar, a otro de los nietos le van bien las cosas a nivel económico. Todo lo que emprende funciona, gana mucho dinero. Es como si su misión fuese la de recuperar el dinero perdido por el abuelo.

También se puede **"estar en modo reparación" de algún desequilibrio económico o una estafa que hizo algún antepasado.** En ese caso, la persona afectada por el recuerdo asociado a la "reparación" puede pasarlo mal, puede tener cierta tendencia a perder dinero, pagar multas, impuestos elevados, realizar inversiones fallidas, etc. Es como si tuviese que devolver el dinero del cual se apropió ilícitamente su antepasado.

Con todos estos ejemplos he querido ofrecer una pequeña muestra de la importancia que tienen los recuerdos relacionados con dramas familiares, la información "heredada", y su influencia en la economía personal.

Cuando se detecta una repetición de situaciones altamente estresantes, cuando se sufre una gran pérdida, o cuando tras mucho esfuerzo, no se consiguen los objetivos esperados, seguramente estamos frente a un importante aspecto a explorar: **La "herencia familiar"**.

Si deseas saber más acerca de este tema, puedes descargar gratuitamente el e-book: "Autoconocimiento a través de la biodescodificación" de la página web:

www.elcaminosecreto.com

CAPÍTULO 5
LAS PREOCUPACIONES

Las preocupaciones forman parte de los grandes bloqueantes de la prosperidad.

¿A qué se debe esto?

Resumiéndolo mucho, podemos decir que mientras estás pensando en aquello que te preocupa, no estás pensando en conseguir tu objetivo.

Ya sé, ya sé... Me he pasado de escueto... No te "preocupes" que lo desarrollaré un poco más.

Imagina que, para conseguir tu objetivo necesitas llenar un depósito de 100 litros de combustible. Este combustible representará la energía necesaria para dar todos los pasos que hacen falta para conseguirlo. Dicho depósito es alimentado por un grifo que aporta 10 litros de combustible cada día. Es decir, que si no hubiese ningún consumo de energía o combustible, en diez días el depósito estaría lleno.

Pero en nuestras rutinas diarias también hay consumos de energía y, por tanto, hay un desgaste que hace que en condiciones normales se consuma la mitad de la energía diaria que aporta el grifo, es decir, 5 litros de combustible.

Si no hay ningún tipo de imprevisto, esto deriva en que necesites veinte días para conseguir la energía o los 100 litros de combustible necesarios para materializar tu objetivo.

Veinte días serán los necesarios para disponer de toda la energía, siempre y cuando el depósito esté totalmente estanco y sellado. O sea, siempre que el depósito no tenga ningún tipo de pérdida.

Pero, ¿qué sucede cuando estás preocupado por algo?

¿Qué sucede cuando surge algún imprevisto?

¿Qué sucede cuando se vive un *shock* emocional?

Cada uno de estos casos supondrá una pérdida adicional de combustible, que vendrá a ser como una grieta en el depósito y que generará un vaciado extra de dicho depósito. Ese combustible ya no estará a disposición del objetivo, prolongándose el tiempo de llenado del depósito y, por ende, el tiempo necesario para la consecución del objetivo.

Dicha pérdida de combustible será mayor en función de la magnitud de la preocupación, del tamaño del contratiempo, o de la intensidad del *shock* emocional que se haya experimentado.

Esto generará diferentes grados de "rotura" en el depósito y, por supuesto, de pérdida de combustible y energía.

No va a ser lo mismo una preocupación leve y corta en el tiempo, como un retraso de 10 días en el pago de la nómina, que una preocupación debida a un *shock* emocional causado por la noticia de que cerrarán la empresa en la que trabajas y te quedarás sin empleo.

En este último caso, y dependiendo de las circunstancias personales, los niveles de estrés y preocupación se pueden disparar. Más que una grieta en el depósito puede generar un gran agujero por el que se pierde tanto combustible como el que entra, además de vaciarse el que había acumulado.

Esta sería una analogía de lo que nos sucede internamente en cuanto a la disponibilidad de energía y recursos para alcanzar nuestros objetivos se refiere.

Tenemos una cantidad limitada de energía disponible y debemos optimizarla. Cuantas menos preocupaciones tengamos, más energía habrá a disposición del objetivo y más fácil será materializarlo.

Ya sé que no es posible vivir largos períodos de tiempo sin contratiempos ni preocupaciones, pero sí que es sumamente importante diluir cuanto antes dicha preocupación. Para ello, se deben buscar los recursos necesarios para disponer de toda la energía lo más rápidamente posible.

Un ejemplo de esto, puede ser la situación en la que enferma un familiar. En ese momento, dicha situación requiere toda la atención. Se convierte en prioritaria, urgente y es necesario dedicarle todos los recursos disponibles para mirar de revertir la enfermedad cuanto antes.

En realidad, **eso es OCUPARSE del problema**. Es **todo lo contrario a la PREOCUPACIÓN**.

Se habrá desviado la atención del objetivo inicial y será lógico un retraso en la materialización de dicho objetivo. Ahora toda la atención estará puesta en movilizar lo necesario para que el familiar se recupere. Una vez ya se hayan dado todos los pasos posibles y la recuperación ya no dependa de las acciones que podamos hacer nosotros, puede ser el momento de volver a dirigir la atención hacia el objetivo marcado.

Si no consigues apartar la preocupación de tu mente, alimentarás ese sentimiento y desviarás toda la atención hacia dicha preocupación, en vez de alimentar el objetivo que te has marcado, puedes llegar a alimentar el problema. Ya te has ocupado de la urgencia. Si ya no depende de ti el resultado, o el familiar está en fase de recuperación, ya no hay por qué preocuparse. Es mucho más saludable para todas las partes implicadas, confiar en la recuperación y en los consejos e indicaciones de los profesionales que han atendido al familiar.

Si no es posible dedicarle todo el tiempo que te gustaría al proyecto, tampoco te preocupes. En ese caso, es conveniente pensar y sentir que cuando la situación de emergencia pase, se recuperará el tiempo y los recursos "perdidos".

En general, piensa que todo el tiempo que te mantienes preocupado genera un consumo de energía, tanto mental como física. Tanto es así que, cuando la preocupación es grande y persiste en el tiempo, puedes llegar al agotamiento absoluto de toda tu energía, quedándote sin fuerzas hasta para realizar rutinas diarias, sin vigor para ir al trabajo, incluso sin ganas de participar en actividades lúdicas y de ocio.

Este fenómeno es algo que he podido experimentar por mí mismo en algunas ocasiones. He experimentado cómo al aparecer una gran preocupación o un imprevisto, se disminuía de forma notable mi energía y, paralelamente, el volumen de trabajo que me llegaba. Esto, evidentemente, daba como resultado una reducción del volumen de ingresos.

Tiempo después, a medida que iba desapareciendo la preocupación y se solucionaba la situación imprevista, se iba incrementando el volumen de trabajo e ingresos en la misma proporción que fue desapareciendo la preocupación o se solucionaba el imprevisto. Continuando así hasta llegar a niveles habituales de trabajo, e incluso conseguir recuperar las "pérdidas" y obtener beneficios superiores a los que obtenía con anterioridad a la aparición de la preocupación.

CAPÍTULO 6

LOS EFECTOS DEVASTADORES DEL *BULLYING* Y EL MENOSPRECIO EN LA INFANCIA

Sí, tal y como lo estás leyendo. Es bastante normal que quede una huella importante en un niño/a que es menospreciado, o es víctima de burlas y acoso durante la infancia o adolescencia. En algunas ocasiones, estos chicos y chicas son víctimas de compañeros de colegio o chicos de otros cursos. A veces, son víctimas del menosprecio de hermanos e incluso de los padres.

Cuando esto sucede, se les activa un sentimiento de impotencia, inseguridad, miedo, e incluso llegan a perder la alegría e ilusión. Viven la situación como un *shock*, el cual interfiere en todo lo que hacen en esa etapa de su vida. Esas sensaciones pueden llegar a interferir en los estudios, en las relaciones sociales, en las relaciones familiares, e incluso pueden llegar a somatizar multitud de síntomas a nivel físico.

No a todos les afecta de la misma manera. Hay personas que incluso habiendo experimentado esta situación, han tenido recursos internos o apoyos externos suficientes como para llegar a borrar esa huella.

Incluso hay personas que justamente una situación como la descrita les ha fortalecido, ya que, han utilizado toda su rabia y dolor para alimentar la motivación, esforzarse y sacar lo mejor de sí mismas, llegando a destacar y triunfar en sus profesiones y sus vidas.

Pero también es cierto que he visto cómo personas que podían haber sido brillantes estudiantes, a partir de ese momento dejan los estudios porque pierden capacidad de concentración. Como consecuencia, sus notas caen en picado, derivando en un fracaso escolar.

Muchas de estas personas llegan a sentir que no valen nada y que no vale la pena esforzarse cuando, en realidad, **son personas con un potencial espectacular y solo necesitan descargar el impacto emocional de esa etapa de *bullying* o menosprecio**, y volver a creer en sí mismas.

En muchos casos, puede ser necesario el acompañamiento de un profesional durante cierto tiempo, pero la inversión compensa. Es una inversión en bienestar que acaba generando un retorno emocional y económico muy superior a la propia inversión realizada.

Pero mucho más que el retorno económico, lo que agradece la persona afectada por bullying, es quitarse de encima el peso de aquella etapa tan dura. Un peso que le inducía hacia una especie de letargo de sus capacidades.

En ocasiones, he visto como en una sola sesión cambia la cara de la persona consultante, relajándose toda la musculatura facial, cervical y los hombros. Esa persona suele decirme que siente que ha soltado un "peso", un "lastre" que llevaba "arrastrando" años.

Aunque la mayoría de casos que trato en consulta son personas adultas y de mediana edad, compruebo como han sido situaciones vividas en la infancia o adolescencia, las que provocan el bloqueo de gran parte de su potencial.

Esas personas llegan a creer que ya no es posible mejorar su vida, ni su situación económica. Lo creen así porque, si hasta ahora no les ha ido bien, no ven por qué ahora serán capaces de crear nuevos proyectos, ni de aspirar a ascensos en las empresas en las que trabajan.

Esas personas incluso llegan a ceder oportunidades de mejora y ascensos a otros, quedando en un segundo plano e intentando pasar desapercibidas. Y eso a pesar de que, en la mayoría de los casos, están altamente capacitadas para asumir el cargo o la mejora que les proponen.

Es satisfactorio ver cómo, después de trabajar con estas personas y liberar esa carga, les comienzan a aparecer oportunidades, oportunidades que antes hubieran dejado pasar y que, por fin, aprovechan, dando un giro totalmente positivo a sus vidas.

A continuación, seguimos tratando detalles curiosos sobre cómo pueden llegar a influir los sentimientos en el cuerpo.

LAS INVESTIGACIONES DE MASARU EMOTO

Masaru Emoto fue el autor de unas sorprendentes investigaciones relacionadas con la capacidad que tiene el agua para impregnarse, absorber e integrar mensajes, palabras, pensamientos, melodías musicales, ambientes…

Durante años, Emoto ha investigado cómo cristaliza el agua al congelarla y ha fotografiado miles de muestras de agua.

Al principio, con un microscopio de 200 aumentos, comenzó haciendo fotografías de aguas de diferentes orígenes, congelándolas durante unos minutos a -25ºc.

Emoto se sorprendió al ver que si la muestra de agua procedía de un manantial, los cristales que se formaban tenían forma hexagonal y simétrica, una forma bonita y armoniosa.

Las muestras que procedían de ríos contaminados formaban cristales totalmente amorfos, sin ninguna cohesión ni orden.

A medida que iba avanzando en sus investigaciones, Emoto quiso verificar si el agua también podría reaccionar a mensajes y pensamientos.

Puso a prueba el poder de la oración, rezar sobre una muestra de agua contaminada, y se sorprendió al ver que cambió su estructura y cristalizó en orden, formando una bella imagen. La muestra de agua contaminada que antes cristalizaba sin forma, ahora lo hacía de forma bella y armoniosa.

Al ver esa reacción en el agua, Emoto probó a impregnar el agua con diferentes mensajes. Algunos de estos mensajes estaban cargados de amor, cariño, agradecimiento. Con palabras como amor, gracias, te quiero, te amo, etc. Otros eran mensajes de insultos o palabras amenazantes como te odio, te mataré, etc.

El resultado fue que, en todos los casos en los que expuso las muestras de agua a mensajes con palabras y sentimientos positivos, amables y agradables, el agua cristalizó con formas armoniosas, simétricas y bellas. Contrariamente, las muestras de agua que fueron expuestas a mensajes impregnados de odio o resentimiento, cristalizaron sin orden y sin forma.

Emoto hizo los experimentos verbalizando los mensajes delante de las muestras y también pegando etiquetas con el mensaje escrito. Tanto en un caso como en el otro, el agua se comportaba de la misma manera.

El investigador también sometió algunas muestras a diferentes melodías musicales y diferentes estilos. En las muestras expuestas a música clásica, se produjeron cristales con armonía y bellas formas en función de la melodía. En el caso de las muestras expuestas a algunas canciones de heavy metal, los cristales no tenían una forma simétrica ni armoniosa.

Puedes buscar por internet imágenes de las muestras fotografiadas por Masaru Emoto y sacar tus propias conclusiones.

Alguna de las conclusiones que sacó Masaru Emoto fue la siguiente:

Si las palabras, los sentimientos y el entorno son capaces de afectar al agua… los seres humanos, que somos agua en un 70% aproximadamente, también podemos vernos afectados de la misma manera. Por tanto:

- ¿Qué repercusiones podría tener esto en cuanto a la posibilidad de enfermar o mantenernos sanos?
- ¿Se podría armonizar un tejido enfermo si se expone a mensajes cargados de amor y afecto?

Sinceramente, yo creo que estamos influenciados de la misma manera que el agua, y que si estamos expuestos a palabras y mensajes llenos de odio, miedo o rencor, nuestra estructura interna se desordena, generando un desequilibrio de tal magnitud que nos puede conducir a enfermedades. De hecho, esto es algo que veo continuamente en consulta.

Muy a menudo, veo cómo muchos bloqueos, dificultades, síntomas, molestias, dolores, incluso enfermedades, aparecen al cabo de un tiempo de estar expuestos a un ambiente de menosprecio, de insultos o de desvalorizaciones. También observo cómo al contactar de nuevo con las fortalezas propias, con mensajes cargados de valor y de fuerza, es posible revertir el desorden y armonizar el cuerpo, llevando a la disminución e incluso a la remisión de los síntomas y dificultades.

En el siguiente enlace podrás acceder a un vídeo grabado en un instituto. Se trata de un experimento en el que se colocan dos plantas durante un mes en un mismo lugar de paso, con las mismas condiciones de luz y de cuidados, pero con una diferencia… a una de las plantas se la expone a una grabación con mensajes positivos, cargados de afecto, expresando lo bonita que es… y la otra planta es expuesta a una grabación con insultos, diciéndole que no vale nada, que es fea…

Observa los resultados

https://www.youtube.com/watch?v=EQn25dG_NQA

Visto esto, no me queda más que pensar que…**si una planta se marchita por recibir insultos y mensajes de desprecio**… **¿Cómo NO nos va a afectar a los humanos el hecho de estar expuestos a insultos, desprecios o palabras de desánimo?**

Quiero añadir información sobre otro experimento, en el que se han puesto etiquetas a dos recipientes que contienen arroz cocido. En uno de los recipientes se colocó la palabra "sano" y en el otro "enfermo". Al cabo de unos días, el arroz del recipiente con la etiqueta que ponía "enfermo" se pudrió, mientras el arroz con la etiqueta "sano" mantenía un buen aspecto.

En realidad, estamos hablando de la frecuencia a la que vibran las palabras, los mensajes, los sentimientos y las emociones. Una frecuencia que puede hacer que estés en una sintonía de salud y de expansión, o una sintonía de miedo, retracción y bloqueo.

Todo esto te debe hacer tomar conciencia de la importancia que tiene el mantenerte lo más alejado posible de ambientes en los que no te valoren o en los que menosprecien tus ideas o propuestas, así como cuidar exquisitamente tu diálogo interno, ya que, estás impregnado toda el agua de tu cuerpo de esas palabras.

Nuestro cerebro está programado para mantenernos vivos, para protegernos y, por tanto, como acto reflejo presta mucha más atención a los peligros, que a las situaciones de paz y de tranquilidad. Es su programa de supervivencia. Dicho programa nos puede salvar la vida cuando estamos en una situación límite, pero si se mantiene activo continuamente, el programa de alerta desgastará toda la energía del cuerpo y debilitará nuestro sistema inmunitario.

Una persona que esté siendo víctima de un profundo miedo o preocupación, en caso de estar expuesta a un agente infeccioso, puede que experimente unos síntomas más severos debido al debilitamiento del sistema inmunitario.

Lo mismo sucederá con la energía disponible para conseguir cualquier mejora a nivel económico. Es necesario transformar todo lo que nos preocupa o limita, y poner foco en todo aquello que te puede acercar a la materialización del objetivo que te hayas propuesto.

Moviliza toda la energía posible en forma de pensamientos y sentimientos relacionados con la materialización de dicho objetivo. Impregna todo tu cuerpo de la sensación de triunfo, de profunda satisfacción, de éxito.

Si quieres realizar progresos en materia económica, tendrás que centrarte en buscar soluciones, sea cual sea la situación en la que te encuentres.

Piensa que cuando hay serias dificultades es cuando el ingenio humano ha conseguido grandes logros.

Ahora te pido que lleves a cabo una pequeña prueba:

1. Cerrando los ojos después de leer este párrafo... Fíjate en la sensación que notas en tu cuerpo y el sentimiento que acompaña a esa sensación cuando imaginas que has conseguido tu objetivo. Si es algo que otras personas ya han logrado previamente, imagínate disfrutando lo mismo que puede estar disfrutando alguna de esas personas. Ponte en sus zapatos. Como si estuvieses hombro a hombro con esa persona. Anota los resultados.

2. Y ahora, cerrando nuevamente los ojos... Observa cómo te sientes y qué sensaciones tienes cuando piensas en palabras hirientes o mensajes limitantes que en ocasiones te han llegado desde el exterior, o cuando alguien menosprecia tus ideas o proyectos. Anota los resultados en lo que se refiere a cómo te sientes.

¿Has notado diferencias entre pensar en lo propuesto en primer lugar, respecto a lo propuesto en el segundo párrafo?

¡Enhorabuena! Seguro que ya tienes claro hacia dónde debes dirigir tu atención.

Te puedo decir que, como muestra de hasta qué punto es importante esto, cuando estaba escribiendo el texto del primer apartado, notaba bienestar, cierta alegría, y mucha energía en mi cuerpo, y cuando escribía el texto del segundo párrafo y pensaba en ello, notaba cómo se disipaba la sensación de bienestar, a la vez que experimentaba un notable descenso de energía.

Yo tengo claro que prefiero posicionarme en clave positiva, centrarme en todos los aspectos que me pueden ayudar a alcanzar mis objetivos personales e incluso llevarlos más allá, es decir, hasta el punto de cómo además puedo aportar bienestar a los míos y a la sociedad.

Te recomiendo impregnarte de pensamientos y sentimientos agradables, creativos y potenciadores, así como rodearte de personas y entornos que promuevan esos pensamientos y sentimientos.

También es recomendable hacer dieta de noticias… procura tomarlas en pequeñas dosis. Sobre todo las noticias negativas, que funcionan como los medicamentos… en dosis adecuadas te pueden ayudar, pero en dosis muy elevadas te intoxicarán.

Será necesario que en todo momento tengas muy presente el "cómo te sientes", pues esa es la energía con la que vas a vibrar. Por tanto, esa es la energía que en cierta manera volverá a ti, o la energía que atraerás.

Tú eliges:

- **¿Quieres atraer hacia ti ilusión, bienestar, riqueza, expansión…?**
- ¿O prefieres preocupación, miedo, pobreza…?

Repito. **Tú eliges dónde te quieres posicionar:** en lo creativo e ilusionante, o en la preocupación.

Piensa en cómo se puede comportar el agua de tu cuerpo ante la preocupación y el miedo. Piensa que dentro de la mayoría de tus células hay una proporción del 70% de agua.

¿Quieres armonía en tu cuerpo? ¿O quieres desorden?

¿Quieres armonía en tus finanzas? ¿O prefieres las dificultades económicas?

Ahí quedan esas preguntas.

Yo, por mi parte, ya he decidido **dejar de preocuparme**.

Me voy a ocupar de aportar y de crear… de crear y compartir… compartir todo lo que he aprendido de otros y de mi experiencia personal… compartir conocimientos que pueden ayudar a infinidad de personas a mejorar sus vidas, conocimientos que ayudan a generar riqueza, y una sociedad próspera, con altas dosis de bienestar.

CAPÍTULO 7
LA EDUCACIÓN Y EL CONTEXTO DEL HOGAR

Te animo a prestar máxima atención a este capítulo. Es de una importancia crucial en lo que se refiere a la capacidad de acceder fácilmente a las mejores opciones de mejora de la economía personal, o del bienestar en general.

Todos conocemos la importancia que tiene una buena educación académica en cuanto a estar preparado y capacitado para acceder al mejor futuro posible. Es algo que aunque no garantiza ser feliz o estar satisfecho con el trabajo, sí amplía bastante las posibilidades de acceder a profesiones bien remuneradas. También tendrás más posibilidades de desarrollar tu propio negocio y tener éxito, perdurando en el tiempo.

Esto tiene una gran importancia a la hora de emprender porque, al menos en España, estadísticamente el 80% de las nuevas empresas y *freelancers,* no superan los dos años de vida. Por lo general, los negocios nuevos tienen que cerrar al no poder soportar los costes fijos. En la mayoría de casos, la causa del fracaso es una planificación poco realista y el fruto de la poca preparación en áreas como la financiera.

Estas pueden ser las causas más comunes tras el fracaso emprendedor en España. Es importante hacer una apuesta por una formación específica en finanzas si pretendes crear un negocio, pero hay algo que personalmente creo que tiene un efecto limitador aún mayor en el éxito que la falta de formación, o que el carecer de estudios superiores. Ese factor limitante es el contexto en el que naciste y en el que has crecido.

Voy a diferenciar dos etapas:

1. **Concepción-nacimiento:** es la etapa que en biodescodificación denominamos **"proyecto sentido"**. Esta etapa comienza nueve meses antes de ser concebido y va hasta el primer, segundo o tercer año de vida.

2. **Infancia-adolescencia:** incluiríamos los rangos de edad que van de los dos a los dieciséis años de edad, aproximadamente.

1. Concepción-nacimiento (proyecto-sentido): todo lo que acontece durante ese período tendrá vital importancia para el bebé que está por llegar.

¿Qué período comprende el proyecto-sentido?

Para investigar sobre el proyecto-sentido tomamos en cuenta todo lo que sucede en el entorno de los padres del futuro bebé:

- **Desde 9 meses a un año antes de la concepción** del nuevo ser
- **Los 9 meses de embarazo**, todo aquello que acontece durante la **gestación** tiene especial relevancia
- **Nacimiento (momento cumbre)**
- **Hasta los dos o tres años de vida**

Ejemplo: si naciste el 7 de febrero de 1975 recopilaremos información desde, como mínimo, julio de 1973 (18 meses antes de nacer), hasta febrero de 1978 (3 años de edad, aproximadamente, a criterio de cada uno/a).

¿Qué tenemos en cuenta?

Todo lo que los futuros papás están sintiendo y experimentando en su propia piel y en su propio cuerpo, entra a formar parte de su propia estructura celular. Esa es la estructura celular que originarán el espermatozoide e impregnará al óvulo antes de fusionarse y crear una vida.

El cuerpo humano renueva constantemente la mayoría de sus células, a diferentes velocidades y en función de las necesidades de cada órgano. Se considera que, en un máximo siete años, se han renovado la práctica totalidad de las células del cuerpo.

Teniendo presente este proceso de renovación celular, y basándonos en los descubrimientos que se han ido desarrollando en los últimos años en el área del trabajo terapéutico y de consultoría sobre biodescodificación, hemos podido observar que tiene una cierta influencia todo lo que acontece al padre y a la madre nueve meses antes de concebir a su bebé.

Especial relevancia tiene todo lo que vive la futura mamá durante el embarazo y el alumbramiento. Por tanto, hay que tener en cuenta si se vivieron situaciones de fuerte estrés emocional durante la gestación. Se recoge mes a mes lo que sucedió a la madre, al padre y en el entorno familiar.

También es importante investigar qué acontecimientos sociales se vivieron durante todo el período del proyecto-sentido.

Si quieres trabajar tu propio proyecto-sentido, además de lo comentado hasta ahora toma nota de qué sucedió en tu país, tu región o ciudad durante ese período, y si tuvo alguna influencia en el estado de ánimo de tus padres. Si te es posible, pregúntales a ellos cómo vivieron dicha etapa.

¿Qué sucedió y qué influencia tuvo todo lo acontecido en las familias paterna y materna?

Llevando estos conocimientos a una situación reciente:

¿Acaso crees que tu cuerpo y tus células han quedado al margen de todo lo acontecido con la denominada "crisis sanitaria" de 2020?

Seguro que ha quedado una memoria celular de todo lo acontecido en esos días y, sobre todo, de cómo lo has vivido tú a nivel personal o familiar.

Ha podido dejar huellas relacionadas con sentimientos de todo tipo como miedo, impotencia, ira, preocupación, injusticia, solidaridad, amor…

Evidentemente, esta situación no tendrá la misma repercusión en una persona que haya perdido a un ser querido, que en una persona que solo haya tenido que quedarse en casa sin poder salir ni trabajar, o sin poder disfrutar de su libertad.

No lo experimentó de la misma forma un empresario que veía que aquella situación le podía producir pérdidas millonarias, que incluso puso en riesgo la continuidad de su negocio, que la persona que tenía asegurado su salario.

En cada uno de estos casos pudo quedar una huella, lo que llamamos memoria celular. Y este es un recuerdo que puede transmitirse al futuro bebé, en el caso de las familias que estaban a punto de traer una criatura al mundo.

La cuestión interesante radica en el hecho de que, tanto los bebés concebidos durante el período de confinamiento como los concebidos hasta nueve meses después quedaron impregnados por los acontecimientos vividos por sus padres.

Esto también es válido para los que ya estaban gestándose o nacieron en plena "crisis sanitaria".

Si la madre y el padre están angustiados por la situación, o por si van a recibir una buena asistencia médica durante el parto, ese sentimiento de temor genera la síntesis de unos neurotransmisores y modifica la bioquímica del cuerpo de la madre. Esa misma bioquímica es la que va a fluir por el bebé.

El sistema nervioso del bebé se formará durante todo el embarazo y los primeros años de vida del bebé. Si la madre es feliz, todo el sistema nervioso y celular del bebé se impregnará de esa felicidad. Si la madre está preocupada, generará neurotransmisores basados en el miedo y la preocupación. Y el bebé se formará en base la química de esos neurotransmisores.

Por supuesto, **todo esto NO ES DETERMINANTE NI DETERMINISTA,** pero es algo que investigo a fondo durante los acompañamientos en consulta. Lo investigo cada vez que alguien me comenta que repite patrones que no le permiten conseguir estabilidad económica, emocional o sentimental.

NO todos los nacidos entre 2019 y 2022 "sufrirán secuelas" o efectos derivados de la crisis de 2020, pero sí es posible que deje una sólida memoria celular en familias que fueron afectadas de lleno, directa o indirectamente.

Esa memoria celular y todo lo asociado a ella, tendrá efecto, o no, en función de las experiencias futuras y el entorno en el que crezca ese bebé. Lo más probable es que, si todo va bien, la memoria celular de esos sucesos nunca se active. Pero, si en el futuro, ese bebé atraviesa una situación parecida a lo vivido por sus padres en 2020, sí que es posible que se active ese recuerdo y le acabe generando un gran estrés.

Evidentemente, dicha persona no sabrá a qué se debe ese estrés repentino. Pero tal vez pueda estar relacionado con la experiencia que vivieron sus padres justo antes de su nacimiento. Ese estrés podrá estar vinculado con todos los miedos, preocupaciones y estrés de los padres, los cuales impregnaron todo el sistema celular del bebé.

En un momento así, es más que probable que se necesite la ayuda y el acompañamiento de un terapeuta para liberar y sanar esas emociones y su memoria celular.

Eso sí, como terapeuta y acompañante, trabajo bajo la consigna de que **"nunca hay que anticipar nada".** Y menos aún augurar efectos negativos.

Siempre procuro trabajar a partir de la petición del cliente que, normalmente, suele estar asociada a una dificultad, ya sea económica, sentimental o emocional. A partir de ahí comenzamos a investigar todo lo comentado y más.

Pocas personas van a solicitar una consulta si todo les va bien.

Pero por supuesto, cuando las cosas se tuercen y cuesta volver a encauzarlas, sí que recomiendo echar un vistazo y darle un repaso a fondo a todo lo que explico en este libro.

Piensa que, en muchas ocasiones, estos fenómenos están ejerciendo una influencia limitante e invisible. Algo imperceptible, pero que te impide avanzar y que no te permite disfrutar de muchas cosas para las que puedes estar totalmente capacitado.

Si deseas trabajar tu proyecto-sentido, puedes rellenar el cuestionario incluido en el ***ebook de regalo*** que podrás descargar en la siguiente página web: **www.elcaminosecreto.com** .

Una vez cumplimentado el cuestionario, podrás valorar qué nivel de influencia crees que ha podido tener en tu vida todo lo que vivieron tus padres desde nueve meses antes de tu concepción, hasta tu nacimiento y dos o tres años después. Te sorprenderás sobre cómo eso ha podido modelar o influir en muchas de las decisiones que has ido tomando a lo largo de los años.

2. Infancia-adolescencia:

Todos los mensajes que transmiten los padres cotidianamente, todo lo que hablan en casa (durante las comidas, los ratos de ocio, preocupaciones o los sueños de futuro), todo esculpirá la personalidad del niño y adolescente.

Durante todo ese tiempo se incorporarán creencias basadas en las experiencias de los padres y en la educación que ellos recibieron. Dichas creencias pueden ser muy potenciadoras si los padres lo vivieron intensamente, si estaban ilusionados, si les iban bien las cosas…Pero también pueden ser limitantes si los padres vivieron una etapa de escasez, de deudas, de preocupaciones, de dificultades, etc.

Todo ese contexto vivido durante la infancia y adolescencia puede hacer que una persona adulta funcione en total "fidelidad" con lo que experimentaron sus padres.

Las experiencias paternas pueden influir de forma que se siga repitiendo el patrón de lo aprendido, de lo conocido en su hogar. "Se desarrolló con una base de escasez o dificultades, y funciona en el futuro en continuo contacto con la escasez y las dificultades". Es lo que conoce. Es triste, pero es así.

Es algo que mueve los hilos de forma invisible y silenciosa, pero que a la persona que lo sufre no le permite disfrutar de todas las posibilidades que tiene a su alcance. Es como arrastrar una carga.

Te lo explicaré con un caso real:

David me comenta que lleva varios años con muchas dificultades para llegar a fin de mes. Le resulta imposible ahorrar y no puede disfrutar de muchas de las cosas que le gustaría…A veces tiene que renunciar a cosas que la mayoría de las personas de su entorno sí pueden disfrutar.

Me comenta que siempre anda justo de dinero, que puede pagar todo lo imprescindible, pero que no consigue ahorrar.

En esos momentos, comienzo a sospechar que hay alguna creencia limitante, y que todo ello puede derivar de su infancia.

Le pregunto sobre cuál era la situación económica en casa de sus padres desde el año antes de su concepción y durante los dos o tres primeros años de su vida. Me responde que su madre siempre había comentado que lo pasaron muy mal, que iban muy justos de dinero, que no recibieron ayuda de la familia, pero que ella siempre se dijo a sí misma: "saldremos adelante, con mucho esfuerzo y sufrimiento, pero saldremos adelante".

Esta era la creencia familiar que dominaba toda su estructura económica.

Por fidelidad a la familia, él sigue ese patrón: "saldré adelante, pero con mucho esfuerzo y sufrimiento". Pero una vez localizado el problema, la situación no tiene por qué seguir siendo así. Es posible cambiar esa creencia.

Esta persona **"experimentó un pequeño milagro"** en cuanto tomó conciencia de que podía haber estado en fidelidad con esa experiencia y creencia familiar. Al día siguiente, y sin haber hablado de ello con nadie, recibió de alguien cercano a su entorno una cantidad de dinero suficiente como para estar más tranquilo durante unos meses. Meses después pudo acceder a un trabajo que le proporciona abundancia y tranquilidad económica. Hoy en día ya no requiere de sufrimiento para salir adelante y puede permitirse disfrutar de multitud de actividades y experiencias.

Estos pequeños, o grandes, "milagros" se los atribuyo a la liberación de la "fidelidad familiar limitante" y a la posterior acción de la Ley de la atracción y Ley de la creación.

La vida está a la espera de que cambies los sentimientos y disuelvas los bloqueos para ofrecerte todo lo que hay para tu disfrute.

Cuando sucede algo así, es una señal inequívoca de que vas por buen camino. No obstante, hay que seguir trabajando en ello con la finalidad de consolidar el cambio de creencia.

Esta es una muestra de la influencia que la etapa infantil y la educación recibida en el hogar, puede tener en una persona adulta.

Ahora, seguiremos adelante con otras creencias que también pueden tener peso importante en cuanto a la limitación de la abundancia y la prosperidad se refiere.

CAPÍTULO 8

CREENCIAS CONSCIENTES E INCONSCIENTES QUE BLOQUEAN LA PROSPERIDAD

En el capítulo anterior has podido ver cómo se grababa y alojaba en el inconsciente una creencia. Es algo que se genera de forma muy sutil, que pasa inadvertido, sin intención, pero con un gran poder. Tanto es así que, en ocasiones, una creencia puede llegar a ser una línea imposible de franquear en toda una vida. Esto será así si la persona afectada no se detiene a hacer un trabajo de introspección y transformación personal.

Existen una gran variedad de creencias implicadas en facilitar o dificultar el acceso a la prosperidad:

- **Creencias familiares**
- **Creencias religiosas**
- **Creencias sociales**
- **Creencias culturales**
- **Creencias morales**
- **Creencias personales**

En cada una de estas categorías, cada individuo puede acumular multitud de creencias. Lo normal sería que la mayoría de estas creencias ayuden a mejorar la calidad de vida en todas las áreas posibles, pero no siempre sucede así. De hecho, en muchas ocasiones más que ayudar estas creencias dificultan el camino hacia la prosperidad. Algunas creencias suponen un verdadero bloqueo, un muro muy difícil de superar.

Todos estamos influenciados por las creencias y a todos nos condicionan, aunque sean totalmente necesarias. Estas creencias nos aportan seguridad y sin ellas podríamos entrar en caos. Forman parte de nuestra base psicológica.

Aunque algunas creencias pueden estar generando limitaciones importantes, aún así siguen siendo necesarias. Vendrían a ser como los cimientos que sostienen un edificio.

Por supuesto, hay diferentes calidades de materiales para construir los cimientos. Sería positivo intentar revisar en qué condiciones están esos materiales que forman los cimientos, reforzando lo que sea necesario para mantener el edificio en pie. Esto quiere decir que más que desechar o descartar una creencia, será necesario transformarla o incluso cambiarla, sustituirla. Allí dónde había una creencia, aunque fuese limitante, no debería quedar un vacío. Esa creencia debe sustituirse por otra creencia más adaptada a la situación personal presente.

Vamos con un ejemplo recogido en uno de los talleres de abundancia que organizo:

Cris es una chica de 35 años que está muy estresada y se siente agotada. Lleva varios años viviendo una situación laboral de mucho estrés. Tiene un nivel de ingresos aceptable, pero apenas le queda tiempo para descansar y disfrutar de la vida.

Es sábado y, en teoría, no tiene que trabajar.

Antes de comenzar el taller me comenta que tal vez tenga que dejar la formación a medias porque este mes va un poco retrasada en los objetivos que le marca la dirección comercial de su empresa. Me dice que esa mañana debería estar en su centro de trabajo para intentar conseguir más pedidos y aumentar la facturación. En su empresa trabajan los sábados por la mañana, pero Cris no tiene que ir aunque sí lo hacen otras personas bajo su supervisión. En algunas ocasiones, Cris ha ido a trabajar los sábados para mejorar las ventas y no siempre lograba aumentar la facturación. O sea, no por ir a trabajar el sábado le garantizaba conseguir más ventas.

En el transcurso del taller Cris se mostró muy nerviosa, entrando y saliendo continuamente, pendiente del teléfono en todo momento. Y esto continuó así hasta que empezamos a trabajar las creencias y entramos de lleno en su caso. No parecía normal el estado de nervios que mostraba.

Le pedí que se olvidase del teléfono durante media hora y que se centrase en el trabajo que yo le proponía.

A la pregunta de qué pensaba sobre la prosperidad y la abundancia, me respondió que ella sabía qué: **"para ganarse bien la vida había que sufrir mucho"**.

Le pregunté que dónde estaba escrito ese "mandamiento". Se quedó pensativa y me contestó que, en realidad, eso era lo que había escuchado de su padre durante toda su vida y que en su casa siempre fue así.

La siguiente pregunta fue:

¿Crees que las personas que más se esfuerzan y que tienen trabajos más duros son las que más dinero ganan?

Se hace el silencio…

En esos momentos, ella comprende que no funciona igual para todo el mundo, y que hay gente que tiene ingresos muy cuantiosos y puede compatibilizar su trabajo con el disfrute de la vida. Esas personas no tienen por qué sentirse agotadas y exhaustas debido al trabajo.

Costó un buen rato "erosionar" la antigua creencia para dar paso a la nueva. Hubo que insistir mucho, porque en principio Cris se resistía a creer que para ella también existía esa posibilidad. Cuando, por fin, Cris aceptó esa posibilidad, llegó la prueba palpable de que sí era posible tener abundancia sin sufrimiento y que era compatible con "tener vida personal":

Suena nuevamente su teléfono y vuelve a salir de la sala. A los dos minutos, entra sonriente y con cara de asombro dice: "¡no os lo vais a creer! Me acaban de llamar de la oficina para decirme que acaban de cerrar una venta por valor de 2000 euros. Ahora sí empiezo a creer que es posible tener muchos ingresos sin agotarme".

Cris recibió un mensaje más que contundente. La vida le dio una prueba inequívoca de que puede ser fácil disfrutar de generosos ingresos. A partir de ese momento, estará en sus manos reforzar esa nueva creencia o permitir que la antigua creencia vuelva a tomar el control. Durante el taller, conseguimos "erosionar" esa creencia limitante. Es necesario seguir desgastándola en los siguientes días y meses. Esto se producirá dejando atrás la antigua creencia y su poca validez, y reforzando con pensamientos y sentimientos de satisfacción la nueva creencia todo el tiempo que sea posible.

El caso de Cris pertenecería al grupo de **creencias familiares** limitantes. Pero hay otras categorías que también pueden tener un gran impacto en la economía y el bienestar personal.

Otras creencias familiares pueden ser:

- No hay forma de llegar a fin de mes
- Solo gano para pagar facturas
- Todo es muy caro
- Siempre vamos a estar endeudados
- Nací pobre, moriré pobre
- Siempre hemos sido una familia pobre
- Nacimos en un hogar pobre, nos tocaron "malas cartas"
- Somos pobres, pero honrados
- No nos podemos permitir ningún capricho
- Eso es solo para los ricos

Todas estas creencias, y muchas más, son limitantes, bloquean la abundancia y la prosperidad.

Te invito a que vayas revisando cuáles son las creencias en lo que se refiere a tu familia en concreto. Aunque algunas son comunes a muchas familias, cada familia tiene sus propias creencias. Muchas de estas están basadas en diferentes experiencias vividas a lo largo de varias generaciones.

En el caso de las **creencias religiosas** pueden ser tan poderosas como las expresadas en las siguientes frases:

- Te ganarás el pan con el sudor de tu frente
- Jesús se sacrificó por vosotros
- Sacrifícate por los demás
- Hay que llevar una vida de austeridad
- La riqueza y la espiritualidad no pueden ir de la mano

Esta es una pequeña muestra de algunas de las creencias religiosas que pueden frenar la abundancia y la prosperidad. Son creencias muy arraigadas en la sociedad aunque, hoy en día, vivamos en una sociedad más laica. Son creencias que continúan teniendo una notable influencia en todo lo que hacemos y en cómo nos ve la gente en nuestro entorno. La persona que se "sacrifica" por su familia, por la empresa donde trabaja, por los amigos… sigue estando muy bien vista, y recibe los elogios y la admiración de su entorno.

Tal vez, la persona que está haciendo el "sacrificio" se sienta agotada y empiece a sufrir las consecuencias de ese sacrificio. Pero si deja de sacrificarse por los demás, los otros pueden cambiar su opinión sobre su persona y pasar de los elogios a las duras críticas o ataques. Ese es un precio que muchas personas no quieren pagar y que hace que sigan siendo fieles a las creencias iniciales. Puede que incluso lleguen a defender esa creencia "a capa y espada" aun teniendo la certeza de que les está perjudicando o limitando.

En la categoría de las **creencias sociales** podemos ver algunas como:

- No se puede tener todo en la vida
- Los ricos son prepotentes y no tienen escrúpulos
- Los empresarios explotan a los trabajadores
- La economía está mal
- Necesitas mucho dinero para generar dinero
- Tener mucho dinero solo trae problemas
- Tener mucho dinero es peligroso
- Cuanto más dinero ganas, más impuestos pagas
- No hay recursos para todos

Este conjunto de creencias es una pequeña muestra de una multitud de frases que podemos escuchar cada día en conversaciones cotidianas. Lo puedes escuchar en el trabajo, en un bar, de tertulia con los amigos, en películas de cine o televisión, en las noticias. Se trata de un bombardeo diario de mensajes que pueden debilitar tu confianza si no tienes una base sólida y estás determinado en seguir adelante hacia tu objetivo.

Vas a escuchar multitud de justificaciones para no avanzar hacia la abundancia.

Es más fácil criticar y enjuiciar que dar pasos para salir de la pobreza.

Aunque hay mucha gente que gana su dinero con muchísimo esfuerzo, no se plantean cambiar de estrategia. No se atreven a dar pasos en otra dirección. No se dan cuenta de que, a lo mejor, en vez de lamentarse o criticar, podrían explorar nuevos caminos.

No siempre es fácil avanzar en la dirección del cambio, sobre todo si hay otras personas en la familia que dependen de tu sueldo. Pero, al menos, sí es importante que te cuestiones todas esas creencias sociales y que las sometas a "cuarentena", que las aísles durante un tiempo y explores otras nuevas.

Después ya evaluarás los resultados y tomarás tus propias decisiones.

En cuanto a si hay recursos o no para todos, es algo que se viene diciendo desde hace muchos años. Y, a la misma vez, se siguen tirando miles de toneladas de alimentos al año. Solo en España, se calcula que cada año 7.000 millones de kilos de alimentos acaban en vertederos.

Aunque, personalmente, abogo por una racionalización del consumo y, sobre todo, por la disminución de residuos contaminantes, lo cierto es que creo plenamente que hay suficientes recursos para que todos los habitantes del planeta dispongan de todo lo que necesitan para vivir bien.

Hace años que nos hablan de la escasez del petróleo y de la repercusión "catastrófica" que podría suponer. Se nos dice que no habrá petróleo para todos, al mismo tiempo ponían trabas a todas las iniciativas energéticas que podrían ser más respetuosas con el medio ambiente. Existen infinidad de patentes para producir energía limpia e impulsar los vehículos que han sido compradas por grandes compañías y que las tienen guardadas sin aparente intención de utilizarlas. Cuidado con todos esos mensajes catastrofistas, porque pueden ser manipulaciones interesadas.

Te remito de nuevo a algo del capítulo anterior. "Dieta de noticias".

Te invito a que pienses en grande y en que sí que hay una gran cantidad de recursos y oportunidades. Hay una inmensa cantidad de posibilidades que, seguramente, en este preciso momento aún desconocemos. Pero en cuestión de meses, o algunos años, esas posibilidades estarán al alcance de toda la población. El ingenio humano siempre puede mejorar y optimizar todos los recursos existentes. Confía en ello.

¿Quién hubiese pensado hace 40 años que prácticamente el 100% de la población tendría la posibilidad de comunicarse a través de un teléfono del tamaño de la mano y que ese aparatito podría hacer la cantidad de funciones que hace? Para obtener una porción de las funciones que hoy en día puede hacer un teléfono móvil, se necesitaban multitud de ordenadores y un gran espacio para alojarlos.

Otra categoría es la que hace referencia a **creencias morales:**

- Soy pobre, pero honrado
- Los ricos juegan sucio
- El dinero de los ricos es fruto de la explotación
- Para ganar dinero en una empresa tienes que explotar a los trabajadores
- Los vendedores siempre te engañan

Cuando este tipo de creencias están activas, también se activa una lucha en tu mente.

Según estas frases: enriquecerse = ser mala persona

Como moralmente queremos ser íntegros y honestos, puede existir una parte de nosotros que rechace a la gente rica y, por ende, rechace la riqueza, la abundancia y la prosperidad.

Llegados a este punto, es muy importante cuestionarse todas esas creencias y tomar ejemplos de personas que se han hecho ricas, y lo han hecho siendo honestas, ofreciendo productos, servicios y mejoras a la sociedad.

En realidad, toda empresa, toda iniciativa, debería tener esta premisa: ofrecer un beneficio a la sociedad, a un conjunto de personas, a un sector concreto, sea su público objetivo pequeño, o grande. Lo que nunca debería hacer es perjudicar a otras personas o sectores.

Existen gran cantidad de proyectos y empresas que realmente funcionan así: aportando soluciones, mejoras y comodidades a muchísimas personas. Sus creadores están ganando mucho dinero, se están haciendo ricos, y están creando riqueza a su alrededor. Fíjate en todos los proyectos que encajen con ese modelo, con el modelo: **"si mis clientes ganan, yo también gano". Aporta valor** y deja a un lado las antiguas creencias.

Por último, voy a exponer algunas de las **creencias personales** más habituales:

- No podré cambiar mi situación económica
- Ya es tarde para hacer cambios
- La prosperidad es cosa de los demás
- A mí no me pueden ocurrir cosas buenas
- Es inútil que me esfuerce en cambiar
- Nunca tengo suerte con el dinero
- Nada de lo que emprendo funciona
- No puedo pagar mis deudas
- No llevo nunca dinero encima

Estas frases corresponden al grupo de creencias conscientes. La persona que las dice es plenamente consciente de ellas, aunque no se dé cuenta de que las refuerza cada vez que las verbaliza o piensa en ellas.

Cuanto más se refuerzan las creencias limitantes, más te pueden limitar. Además, como ya expliqué anteriormente, por efectos de la Ley de la creación y la Ley de la atracción, pueden llegar a tu vida más situaciones que confirmarían tus pensamientos y sentimientos.

Si quieres cambiar tu "suerte", será necesario que revises y cambies algunas de tus creencias.

Recuerda el caso de Cris. En cuestión de minutos hubo un cambio sorprendente en su relación respecto al dinero y a la dificultad para ganarlo.

Siempre se está a tiempo de cambiar una creencia, de hacer un cambio en la vida, y de buscar una mejora personal.

No esperes al momento adecuado. Siempre se puede hacer algo para mejorar.

CAPÍTULO 9

EL MIEDO, ESE GRAN PARALIZANTE

Este es uno de los grandes "caballos de batalla" que te pueden frenar a la hora de llevar a cabo los cambios necesarios para acceder a la abundancia.

No existe nada más paralizante que el miedo. El miedo puede bloquear toda tu capacidad para generar riqueza, si tu subconsciente percibe como un peligro aquello que quieres cambiar.

A continuación, te voy a exponer diferentes miedos que pueden entorpecer tu avance hacia la prosperidad:

1. Miedo a morir, miedo a la no subsistencia
2. Miedo al cambio
3. Miedo a la pérdida
4. Miedo al fracaso
5. Miedo a la crítica
6. Miedo a ser diferente
7. Miedo al rechazo

1.- Miedo a morir, miedo a la NO subsistencia:

Es el miedo más atroz, el más visceral. Llevamos una programación y un mecanismo de emergencia para la supervivencia que se ha ido forjando a lo largo de muchos siglos. Dicho mecanismo sigue activo y funciona por libre. Tenemos muy poco control sobre él.

¿Has oído hablar del llamado "secuestro amigdalar"?

La amígdala es una estructura en forma de almendra situada en el sub-córtex cerebral. Una de sus funciones principales tiene relación con la gestión de las situaciones de peligro y de urgencia. En condiciones de normalidad y tranquilidad, todas las decisiones que vamos tomando a lo largo del día se toman a partir de su elaboración en el córtex cerebral, área del pensamiento.

Cuando estamos ante un peligro, la amígdala toma el mando y hace pasar a la acción a todo el cuerpo sin pasar por el córtex, sin pensar.

Imagina la siguiente situación: estás caminando por la ciudad y tienes que cruzar una calle. Esperas a que el semáforo se ponga verde frente a un paso de peatones. El semáforo se pone verde y empiezas a cruzar la calle por el paso habilitado. De repente, escuchas el chirriar de las ruedas de un coche. Automáticamente, la reacción del cuerpo es dar marcha atrás o acelerar el paso para llegar a zona segura.

En esos momentos, no has pensado. La amígdala se ha encargado de todo el proceso y ha secuestrado todo el sistema para, enviar una señal química a las glándulas suprarrenales y que estas, a través de una inyección instantánea de adrenalina, generar fuerza suficiente para salvarte, para correr y llegar zona segura.

Durante siglos, hemos estado viviendo situaciones de peligro real. En la prehistoria había que ir a cazar y siempre se estaba expuesto al peligro causado por los animales o por otras tribus que competían por los recursos. Y la amígdala podía proporcionar la señal para generar la adrenalina necesaria para aportar la suficiente fuerza muscular para luchar, o para huir y salvar la vida.

En algunos casos, si el peligro es extremo puede llevar a la parálisis total.

Algunos animales, cuando se ven presas de un depredador, segregan una dosis de cortisol de tal magnitud que se quedan inmóviles, como muertos. El depredador, que solo caza animales vivos, se acerca, lo olisquea y se va. La presa ha salvado la vida.

Pues bien, esos programas de supervivencia aún están totalmente activos en nuestro cerebro, y contienen la memoria de todos los peligros vividos durante generaciones y generaciones.

Como su función es mantenerte con vida, actuarán ante diferentes situaciones que puedan suponer un riesgo para la supervivencia.

Y… ¿qué es lo que necesitamos para sobrevivir?

Pues la primera necesidad es la de alimentarnos. Asegurar el **alimento**. Toda decisión que pueda poner en riesgo la seguridad de adquirir alimentos, puede ser boicoteada por la amígdala.

La segunda necesidad, por orden de importancia, es la seguridad física, el tener un sitio seguro para vivir y descansar.

Cualquiera de estas dos necesidades activará los sistemas de emergencia y secuestrará la capacidad de raciocinio, al menos en un primer momento.

En caso de que tengas que emprender nuevas acciones para mejorar tu situación económica, cualquier decisión que pretendas tomar será filtrada por la amígdala.

Esto será así para evitar riesgos para la supervivencia y, en muchas ocasiones, basándose en experiencias ya vividas por los antepasados.

La amígdala de una persona cuyo abuelo pasó hambre durante la posguerra, no reaccionará de la misma manera ante la posibilidad de dejar el trabajo para emprender un nuevo negocio, que la amígdala de otra persona cuyos familiares siempre han tenido todo lo necesario y no han pasado ningún tipo de carencia. En el primer caso, se puede bloquear internamente el emprendimiento, y en el segundo caso será más fácil que se pueda materializar.

2.- Miedo al cambio:

Este tipo de miedo tiene bastante conexión con el primer miedo ya explicado.

Al igual que salir a cazar suponía un riesgo para los primeros pobladores, cualquier cambio de territorio también podía suponer un peligro. No sabían que encontrarían al llegar a destino, si ese nuevo territorio estaría ocupado por otro grupo de humanos y serían agredidos. No sabían si habría un alto riesgo de ser atacado por animales. Tampoco sabían si encontrarían suficientes recursos para alimentarse. Cada cambio suponía una aventura, un riesgo, y en muchos casos conllevaba pérdidas humanas.

Trasladada esta situación a tiempos más recientes, también tenemos migraciones para mejorar el nivel adquisitivo. A mucha gente que migra le ha supuesto mucho esfuerzo adaptarse al cambio: al cambio de país, cambio de cultura, cambio de idioma, pérdida de contacto con la familia, con lo conocido, etc.

Hay muchas personas que portan esa memoria de sufrimiento de algunos antepasados. Esos recuerdos son los que, en ocasiones, también frenan el emprendimiento. Como consecuencia, se prefiere "lo malo conocido, a lo bueno por conocer". Esto es así porque todo lo nuevo supone un cierto nivel de incertidumbre y hay muchas personas, más bien diría muchas "amígdalas", que no toleran nada bien la incertidumbre, que necesitan tenerlo todo bajo control.

Para superar este tipo de miedos puede resultar muy útil practicar. Hacer cada día una acción nueva, algo que no se haya hecho hasta ahora. Por ejemplo, se puede ir al trabajo siguiendo diferentes itinerarios y descubrir cada día algo nuevo. Es una manera de acostumbrar al cerebro a lo nuevo y de, poco a poco, ir soltando tensión y diluyendo el miedo al cambio.

Cuando el miedo persiste, se hace necesario el acompañamiento personalizado para localizar y transformar la causa profunda.

3.- Miedo a la pérdida:

Los mamíferos no llevamos nada bien las pérdidas. Creamos unos vínculos muy fuertes con la familia, con la pareja, con los amigos, animales, mascotas, incluso con las cosas materiales.

El problema viene cuando nos tenemos que desprender de algo o desapegar de alguien con quien hemos creado un sólido vínculo afectivo. Se pasa muy mal, hay dolor, se activa una intensa tristeza, en muchos casos también rabia. Se trata de situaciones dolorosas, las cuales son fuente de mucho sufrimiento, sobre todo cuando hay una pérdida afectiva cercana, sea por una separación o por un fallecimiento.

El cerebro humano cataloga ese dolor y sufrimiento como un peligro que pone en riesgo todo el funcionamiento corporal, ya que el sistema límbico, implicado en las emociones y a su vez en el mantenimiento de la homeostasis corporal, puede alterar ciertas funciones corporales cuando se ve afectado por emociones de mucha intensidad.

De todos es sabido que la alegría genera la secreción de endorfinas y estas a su vez hacen aumentar la sensación de bienestar y disminuyen la sensación de dolor físico. Con emociones como la tristeza o la rabia se generan sustancias que interfieren en los mecanismos de autorregulación del cuerpo. Si se mantiene ese tipo de emociones de forma intensa durante un tiempo prolongado, pueden alterar la función de diversos órganos y llevarnos a una enfermedad.

Es natural que cuando una persona se prepara para iniciar un nuevo proyecto y este supone abandonar algo o separarse de alguien importante, el cerebro genere resistencias, que ponga algunas trabas e impedimentos.

En ocasiones, estas resistencias hacen que muchas personas no sigan adelante con sus proyectos debido a ese miedo a perder (sufrir).

4.- Miedo al fracaso:

Este es otro de los grandes miedos.

Por supuesto que a nadie le gusta fracasar en lo que está creando o lo que ha creado. No obstante, a veces, es más una cuestión de cómo se enfrenta el fracaso y de cómo lo vive la persona afectada que de la situación real en sí.

Hay personas que cuando algo no les sale bien, simplemente lo vuelven a intentar de la misma forma o de una manera diferente. Esas personas no le dan más vueltas, y no les importa no haber conseguido su objetivo en uno o varios intentos.

Hay otro grupo de personas que tienen poca tolerancia ante la posibilidad de fracasar. No emprenden para no fracasar o manipulan todo lo que sea necesario para asegurarse el éxito. Estas personas, tanto las que no emprenden como las que manipulan para conseguir sus objetivos, sufren un estrés continuo que puede llegar a ser patológico. Tanto en un caso como en el otro, subyace una desvalorización que los primeros pueden llegar a reconocer y que los segundos difícilmente lo hacen.

El miedo al fracaso puede estar conectando experiencias vividas durante la infancia y la adolescencia. A lo mejor a esas personas no se les daba bien los estudios, o fueron amonestados continuamente por sus profesores o por sus padres. En otras ocasiones, se trata de niños que tal vez fueron ridiculizados delante de los compañeros de clase por no saber responder correctamente a alguna pregunta, o por no resolver un problema en la pizarra.

He visto muchos casos así en mi consulta. Son traumas que para los padres pasan desapercibidos, pero que para el niño se convierten en un drama y pueden generar un potente bloqueo. De adulto, esa persona evitará volver a fracasar y ser ridiculizado. Y ante una situación en la que exista alguna posibilidad de fracaso, preferirá no asumir el riesgo y ni se planteará la posibilidad de tomar iniciativa para emprender una mejora.

5.- Miedo a la crítica

6.- Miedo a ser diferente

7.- Miedo al rechazo

Estos tres miedos están bastante relacionados unos con otros. El tener uno de los miedos conecta y se suma a cualquiera de los otros dos.

El miedo a la crítica es algo menos común, pero en algunas familias está muy presente. Se trata de un miedo muy limitante, sobre todo en ámbitos rurales y en pueblos pequeños donde todo el mundo se conoce. Como todos saben todo sobre todos, si algo no encaja con lo que hace la mayoría, puede ser objeto de críticas.

Aunque vivas en una ciudad, si tu familia es originaria de una zona rural, es posible que ellos hayan sido muy sensibles al "qué dirán". Entonces, por "herencia" emocional, tus respuestas pueden estar muy condicionadas por esta pregunta, "¿qué dirán si hago algo diferente a lo que hace la mayoría?"

Lo que subyace es un **miedo al rechazo**, a ser señalado, y a que dejen de relacionarse contigo. Es algo que sucedía muy a menudo hasta hace una o dos generaciones en ciertos ambientes y que, incluso hoy en día, sigue sucediendo en algunos pueblos.

Puede suceder lo mismo en grupos de amigos, comunidades de vecinos, en el trabajo, grupos políticos, etc. Si hay **miedo a ser excluido**, el "qué dirán" ganará fuerza y podría condicionar mucho la toma de decisiones.

Todos tenemos la necesidad de relacionarnos con nuestros semejantes y, por tanto, el cerebro percibirá como un peligro el hecho de ser criticado, pues eso puede llevar al rechazo y la exclusión.

En muchos ambientes o familias ocurre que cuando alguien decide hacer algo que se sale de la norma, que rompe con la tradición, **ser diferente,** o **actuar de forma diferente** a lo acostumbrado en su grupo, puede ser blanco de duras críticas que le lleven al rechazo. En algunos casos se ha llegado al repudio y expulsión de esa persona del grupo familiar.

En otras ocasiones, ocurre que alguien que sí se atreve a emprender y a llevar a cabo nuevos proyectos, puede poner en evidencia a aquellos que por falta de valor no hacen cambios en su vida. Estas últimas suelen ser las más críticas con lo novedoso y pueden incluso ponerse agresivas ante el que lleva a cabo acciones emprendedoras, innovadoras o totalmente "diferentes a la norma".

Estos últimos miedos, aunque no son tan viscerales ni tan potentes como los primeros, no dejan de poner en estrés y en alerta al cerebro. Y este estado puede impedir pasar a la acción, impidiendo que se avance de forma fluida hacia la consecución de los objetivos marcados.

Ejercicio práctico:

- Puedes tomar papel y lápiz. En este apartado te animo a hacer una valoración con referencia a si estás dando todos los pasos necesarios para avanzar hacia tu objetivo.

- Te animo a que valores si alguno de estos miedos mencionados puede estar frenando tu proyecto o mejora personal.

- Pon una puntuación de cero a diez, en lo que se refiere al nivel de influencia que crees que tiene cada uno de esos miedos.

- Pregúntate: ¿qué es lo peor que puede pasar si opto por avanzar hacia delante en el proyecto?

- ¿Están totalmente justificados esos miedos ante la situación que te planteas?

Si después de hacer este ejercicio aún percibes algún tipo de bloqueo, puedes pedir ayuda y acompañamiento. Como he mencionado con anterioridad, en algunas ocasiones uno mismo no es capaz de captar dónde está el problema y necesita una mirada externa, experta y neutral.

CAPÍTULO 10
TRAUMAS Y HERIDAS DEL PASADO

Al igual que sucede durante la infancia y adolescencia, en la etapa adulta también se pueden experimentar multitud de situaciones muy estresantes, incluso traumáticas.

Hay personas que en la etapa adulta han sufrido agresiones, malos tratos, una violación o pérdidas traumáticas de un ser querido como un hermano, un hijo, o una pareja. Otras personas se hunden tras una ruptura sentimental. Otras caen enfermas o atraviesan mucho estrés a partir de un accidente. Hay personas que han sufrido una gran pérdida económica o que han sido víctimas de un fraude o robo, y se han arruinado…

Existen multitud de factores traumáticos que pueden provocar una sensibilización y una memoria celular de tal magnitud, que genera un gran miedo a los cambios, y a probar suerte para mejorar la situación económica y personal. Se trata del denominado "estrés postraumático".

El trauma vivido ha dejado una huella muy importante. En tal caso, el miedo puede paralizar a la persona. Puede tener muchas ganas de salir adelante, pero cada paso que intenta dar es bloqueado por el miedo.

En ocasiones, el miedo se transforma en algún tipo de fobia, como fobia a conducir, a salir a la calle, a relacionarse, etc.

En todos estos casos es imprescindible ayuda psicológica especializada para liberar toda la tensión y los miedos internos, con el fin de "curar las heridas".

Una de las técnicas que permiten obtener buenos resultados en situaciones de estrés postraumático es la EMDR, ampliamente utilizada por los psicólogos.

Otras metodologías que pueden complementar el trabajo pueden ser:

- La descodificación biológica (biodescodificación)
- La PNL (programación neuro lingüística)
- La hipnosis

La persona afectada por bloqueos debería buscar información y asesorarse sobre cada una de estas técnicas, valorando cuál de ellas se adapta mejor a su problema.

Antes de seguir avanzando, repasemos la lista de los grandes bloqueadores de la abundancia y la prosperidad que hemos visto hasta el momento:

- **Herencia familiar**
  a. Grandes dramas en la historia familiar
     i. Fidelidades inconscientes
     ii. Reparaciones inconscientes
- **Preocupaciones**
  a. Grandes preocupaciones

- **Menosprecio, *bullying* y acoso en la infancia**
  a. Influencia de las emociones en el cuerpo
  b. Estudios de Masaru Emoto (los mensajes en el agua)
- **Ambiente y educación hasta la etapa adulta**
  a. Primera etapa: concepción + nacimiento + 2-3 años
  b. Segunda etapa: entorno familiar y educación en la infancia
  c. Tercera etapa: adolescencia
- **Creencias limitantes**
  a. Familiares
  b. Religiosas
  c. Sociales
  d. Culturales
  e. Morales
  f. Personales
- **El miedo**
  a. A morir
  b. Al cambio
  c. A la pérdida
  d. Al fracaso
  e. A la crítica
  f. A ser diferente
  g. Al rechazo
- **Traumas y heridas del pasado**

A continuación, seguimos con otros bloqueantes que pueden ser bastante más manejables y fáciles de detectar, pero que también requiere un cierto esfuerzo de observación y dedicación para conseguir neutralizarlos.

CAPÍTULO 11

OTROS BLOQUEANTES DE LA ABUNDANCIA Y LA PROSPERIDAD

1.- Dudas e indecisión:

Tal y como se comentó en los capítulo 1 y 2 dedicados a la Ley de la creación y la Ley de la atracción, para lograr un objetivo es necesario mantener la máxima atención en dicho objetivo. Si no estás seguro de cuál es el objetivo que quieres alcanzar, o si dudas sobre si estás haciendo lo posible para conseguirlo, será bastante difícil materializar dicho objetivo.

Si tú no lo tienes claro, no puedes esperar a que la vida te lo ponga fácil, la vida no sabe qué ofrecerte.

Imagina la vida como un camarero de un restaurante. Llegas al restaurante con varios miembros de tu familia. El camarero os da las cartas para que podáis escoger los platos del menú. Cada uno de tus familiares escoge sus platos, pero tú dudas y no sabes qué plato escoger. Todos tienen muy buena pinta y no sabes por cuál decantarte. El camarero toma nota de los platos escogidos por tus familiares y te dice que mientras tú acabas de decidirte manda la nota a cocina para que comiencen a preparar los platos que ya tiene apuntados.

Antes de servir los platos, el camarero te vuelve a preguntar y tú aún no te has decidido. El camarero te dice que tendrá que servir los otros platos para que no pierdan cualidades ni matices, ya que se tienen que servir en su punto exacto de cocción y temperatura.

El camarero sirve los platos a todos tus familiares y tú aún sin decidirte… En ese momento, te das cuenta de que si no te decides pronto, toda tu familia acabará de comer y a ti aún no te habrán servido.

Esto que te acabo de explicar es justo lo que sucede en la vida.

Puede parecer un poco exagerado, pero es así.

La vida, el universo, como lo quieras llamar, está a la espera de lo que quieras pedir, cualquier cosa que desees tener en tu vida. Pero es imprescindible que te decidas y que lo tengas claro, sin dudas y con toda la determinación posible.

Esto corresponde a una parte importante de la Ley de la atracción. Para atraer hacia ti aquello que deseas, es crucial tener claro cuál es tu objetivo, y si en realidad, lo quieres conseguir o no.

Hay personas que desean tener pareja, pero en realidad dudan sobre si están preparados para convivir con una persona, o si quieren formar una familia. Es muy posible que en casos así la vida tarde mucho tiempo en ofrecerles la oportunidad de disfrutar de una relación de pareja. Tampoco sería de extrañar que, debido a la Ley de la atracción, les lleguen parejas que también estén en un mar de dudas y que no tengan nada claro lo que esperan de una relación de pareja.

¿Te puedes imaginar lo que ocurriría si los dos tienen tantas dudas?

Mi recomendación es realizar un ejercicio para disipar las dudas, en la medida de lo posible. Hay que hacer una simulación mental sobre las consecuencias que puede tener tomar una decisión en un sentido u otro.

Puedes tomar un par de hojas de papel y escribir en una de ellas todas las ventajas que puede tener decidirte por el objetivo que tienes en mente. En la otra hoja apuntarás todos los inconvenientes que puede acarrear optar por la consecución de dicho objetivo. Si alguno de los inconvenientes choca de lleno con algo que es importante para ti, puede llegar a ser un freno para la consecución de dicho objetivo.

Lo explico con un sencillo ejemplo:

Pongamos que tu deseo es disfrutar de una semana de vacaciones en la costa con tu familia. Sin embargo, vas muy justo y no tienes suficiente dinero para reservar un hotel o apartamento en la playa. Deseas incrementar tus ingresos, pero ya estás trabajando muchas horas, estás muy cansado y apenas ves a tus hijos. Solo libras los sábados por la tarde y domingos. Te estás planteando trabajar en otra empresa los fines de semana para ganar un dinero extra y, de esa manera, ahorrar lo suficiente para la semana de vacaciones. Pero si haces eso no podrás descansar ni ver a tu familia.

En un caso así, no será nada fácil tomar la decisión. Es normal que estés sumido en la duda y la indecisión. Es muy importante hacer una buena valoración de los efectos que tendrá decantarte por una u otra opción, trabajar los fines de semana o no… Una vez valorado todo esto, es mejor tomar una decisión en un sentido u otro lo más rápidamente posible.

Si esa opción no es válida, porque genera más perjuicios que beneficios, piensa rápidamente en otras posibles alternativas.

Confía en que la vida ponga a tu alcance todo lo necesario para conseguir tu objetivo. Tú, simplemente, pon lo máximo de tu parte y estimúlalo. Piensa en todo lo que tengas a tu alcance. ¿Y si resulta que puedes conseguir un aumento de sueldo o un puesto mejor remunerado en la misma empresa donde trabajas? No hay que dar por perdida ninguna opción. Pero, eso sí, en cuanto lo tengas claro, avanza hacia el objetivo con firmeza y determinación, sin dudas.

2.- Dejarlo para más adelante (procrastinación):

Procrastinar significa posponer, dejar para más tarde, aplazar deberes, tareas o responsabilidades a favor de otras actividades más gratificantes.

Esto es lo que sucede en muchas ocasiones a la hora de dar pasos para avanzar hacia algo nuevo. Aunque sea algo que nos puede ayudar a salir de la situación en la que nos encontramos… al dirigirnos hacia algo desconocido, algo que nos va a suponer algún tipo de esfuerzo, algún nuevo aprendizaje, nos cuesta avanzar.

En algunas ocasiones, lo que más cuesta es dar el primer paso. Lo que ocurre más a menudo es que la meta se ve muy difícil de alcanzar. Ves que para conseguir el objetivo va a ser muy laborioso, que hay que dar muchos pasos, que hay cambiar muchas cosas y aprender muchas más, y todo se convierte en una gran bola de nieve. Esto puede hacer que desistas, o que solo dediques tiempo a la parte más gratificante del proyecto. Pero si no se aborda todo el proyecto al completo, en última instancia, podría frustrarse.

En el caso de que tengas algo en mente y lleves tiempo posponiéndolo porque hay que dar multitud de pasos que te abruman, mi recomendación es dividir el proyecto en varias partes. También puedes dividir esas partes en diferentes tareas. Estas tareas pueden ser desde una simple llamada de teléfono para informarte sobre un tema concreto, a hacer una búsqueda en internet, limpiar un local, hacer un trámite administrativo, etc.

La cuestión es ver que avanzas, aunque se trate de tareas muy sencillas e insignificantes. Tu cerebro lo va a percibir como un avance y eso te ayudará a adquirir el hábito de trabajar en el proyecto y que avance a ritmos cada vez más acelerados, materializándolo incluso antes de lo esperado.

3.- Todo lo inacabado:

Otro de los obstáculos para lograr alcanzar objetivos es tener una o varias cosas pendientes de finalizar. Para conseguir una meta es necesario mantener la atención máxima en dicho objetivo. Cada tarea, cada cosa que has iniciado, pero que aún no has culminado, requiere espacio mental. De vez en cuando, te acordarás de que tienes algo pendiente de acabar. Es como ir pasando lista a todo lo pendiente.

Todo lo inacabado consume mucha energía mental, y mengua la energía disponible para conseguir tu objetivo.

Puede que tengas pendiente:

- Ordenar el desván
- Llamar a la compañía telefónica para reclamar una factura
- Llevar el automóvil a una revisión
- Pintar la pared de una habitación que se manchó las últimas Navidades
- Llamar a un amigo con el que hace dos años que no hablas
- Reparar un grifo que gotea desde hace año y medio
- Poner aceite lubricante a la bisagra de una puerta que chirría cada vez que se abre

Ejercicio práctico:

1. Haz una lista con todo lo que tienes pendiente de hacer
2. Divide la lista de tareas a acabar en tres listas más:
   a. Las tareas más urgentes y necesarias de acabar
   b. Las tareas más laboriosas
   c. Las tareas más fáciles de finalizar

Una vez hayas creado las tres listas, sería interesante planificar qué días y qué momentos del día dedicarás a cada una de las tareas pendientes. Por supuesto, si hay algo urgente, lo mejor será que dediques todo el esfuerzo posible a abordar la situación de urgencia.

Puedes atender lo urgente primero y, tras ello, puedes alternar lo laborioso con lo fácil de finalizar. Por ejemplo, si tienes que ordenar el desván o el garaje, y sabes que va a ser una tarea larga, divídela en varias fases, o resérvate un día o fin de semana completo para hacerlo. Seguro que una vez esté todo ordenado, la sensación de liberación y satisfacción será inmensa.

Si ves que se te hace muy "cuesta arriba" comenzar por el desván, puede que sea mejor dedicar varios ratos en diferentes días a atender y dar por culminadas el máximo número de tareas de la lista de tareas "fáciles de finalizar".

Cada tarea pendiente que finalices será una inyección de energía para abordar tu objetivo.

Para estar más motivado puedes ir alternando:

- Avanzar y dar pasos hacia el objetivo
- Culminar tareas pendientes

Verás que, conforme avanzas y culminas lo pendiente, la energía disponible irá en aumento y cada día tendrás más motivación y empuje para tu proyecto.

CAPÍTULO 12

CONDUCTAS Y SENTIMIENTOS QUE DIFICULTAN LA PROSPERIDAD

1.- La envidia:

En primer lugar, veamos qué es la envidia.

Definición de envidia: Sentimiento de tristeza o enojo que experimenta la persona que no tiene, o desearía tener para sí sola, algo que otra persona posee.

Teniendo en cuenta lo que la definición expresa, la persona que siente envidia se siente mal al ver que otra persona posee algo que ella no tiene.

Si lo miramos desde la perspectiva de la abundancia y la prosperidad, la persona que siente envidia considera que no hay recursos para todos. Esa persona cree que la otra persona ya posee un bien concreto, y no hay más bienes como esos disponibles.

Sin duda alguna, esta es una mirada pobre. Y **la pobreza... atrae más pobreza.**

Esto vendría a expresar que si una persona sabe, por ejemplo, que su vecino tiene un Mercedes Benz, pensará que ya no quedará otro coche similar para ella. Y creerá esto aunque, en realidad, Mercedes produce miles de coches similares al de su vecino.

En realidad, **lo que subyace es un sentimiento de impotencia** por no poder tener lo mismo que el vecino. Y este sentimiento va acompañado de un matiz de **desvalorización personal** porque, si esa persona se sintiese bien consigo misma y fuera autosuficiente como para obtener todo lo que se proponga, el hecho de ver al vecino con un coche, un Mercedes nuevo, más que envidia despertaría admiración. Esto sería un estímulo positivo para conseguir un coche nuevo, si ese fuera su deseo.

Si tenemos en cuenta el alcance que tienen los sentimientos en cuanto al bienestar corporal, la paz mental o el estrés, y cómo ese estado influye en nuestras células, habrá que pensar que cada vez que se siente envidia, se está cerrando la puerta a la abundancia y a la prosperidad. En realidad, lo que se está haciendo es atraer más situaciones que aumentan la sensación de envidia o impotencia.

Recuerda los estudios de Masaru Emoto sobre cómo influyen las palabras y los sentimientos en la estructura del agua y, por ende, en nuestro cuerpo que está formado en un 60%-70% por agua.

Tampoco olvides todo lo explicado sobre el "secreto" de la Ley de la atracción, y "la fórmula mágica" que considera que **"si estás bien, todo irá bien"**.

Si sientes ENVIDIA es que en realidad NO te sientes bien contigo mismo. No estarás en situación de bienestar. Te sentirás triste o enfadado, y eso es justo lo contrario de lo que necesitas para atraer hacia ti todo aquello que te propongas.

- **Ejercicio:**

Te propongo que observes si en algún momento de tu día a día sientes envidia y te permitas sentir las sensaciones que acompañan a dichos momentos.

Cuando te des cuenta de que estás sintiendo envidia, prueba a cambiar la sensación de envidia por la de curiosidad. Curiosidad por ver cómo lo está haciendo la persona que ha despertado esa envidia en ti, y así aspirar a conseguir lo que tiene esa persona.

Es bueno hacer este ejercicio tantas veces como sea necesario hasta llegar a sentir la sensación de bienestar, admiración por la otra persona, y motivación. En ese momento, habrás conseguido transformar la energía del enfado o tristeza en un potente impulso para conseguir tus propios objetivos.

2.- La competitividad:

Respecto a la competitividad sucede algo similar a lo que pasa con la envidia.

Las personas que están inmersas en un entorno competitivo y lo afrontan de manera estresante, pueden estar sintiendo que no hay recursos para todos. Ahí subyace un miedo a quedarse sin su parte, o necesidad de ser reconocido. Y esto es válido tanto para personas como para empresas.

El problema está en que si hay "miedo", se estará bloqueando el acceso a la abundancia, y aunque se consiga la abundancia económica, la prosperidad se puede ver seriamente afectada en algún otro ámbito de la vida: familia, relación de pareja, relaciones sociales, etc.

Hay que diferenciar entre ser competitivo y ser competente.

Ser competente en tu trabajo te asegurará un futuro, tanto en la empresa donde trabajas como en cualquier otra. Y es justamente eso lo que te dará tranquilidad y te puede permitir alejarte de la competitividad.

Por otro lado, ser competitivo en el trabajo te asegurará estrés y enfrentamientos entre compañeros.

¿Te imaginas las células de tu cuerpo en competencia unas contra otras?

¿Te puedes llegar a imaginar el desequilibrio interno que se podría generar?

Sin duda alguna, tu cuerpo enfermaría.

Pues eso es lo que sucede con ambientes altamente competitivos. Se intoxica el ambiente, y también las personas que están en dicho ambiente.

Todo lo contrario sucede en ambientes laborales, donde lo que se procura es la colaboración entre todo el personal y entre departamentos. En estas empresas, se crea un ambiente agradable que aporta tranquilidad a sus trabajadores y eso les permite ser mucho más productivos.

No hay que perder de vista que **hay todo un universo de recursos e ideas por descubrir y explotar**. Tu trozo del pastel está ahí, a la espera.

Hasta hace quince años apenas se había escuchado hablar de las aplicaciones para teléfonos móviles. Hoy en día, las aplicaciones para móviles generan un volumen de negocio de 139 mil millones de dólares en el mundo.

Sin ser un bien de primera necesidad, las aplicaciones para móviles tienen mucha demanda. Hoy en día, los desarrolladores de *apps* se han convertido en uno de los sectores con más salidas laborales y mejores sueldos.

Esto sucede continuamente. Día a día, surgen ideas de negocio exitosas que generan riqueza.

Aléjate de la competitividad y confía en que hay una enorme cantidad de oportunidades totalmente a tu disposición.

Sintonízate con la creatividad, con ser competente. Piensa en aprender más que en competir.

Las oportunidades se acercarán a ti. Aprovéchalas.

3.- La crítica y los juicios de valor:

La crítica se está convirtiendo en "el deporte nacional". La crítica siempre ha estado ahí, pero ahora coge más fuerza a través de la política, los medios de comunicación, y los programas de televisión o radio. Cada vez hay más programas de tertulias dedicados a criticar todo lo que sucede, o criticar a cualquier personaje público.

En realidad, a nadie le gusta ser criticado.

No existe la crítica "constructiva".

Toda persona que es criticada, aunque sea de forma "constructiva", en un primer momento recibe un impacto. Es como una bofetada. Eso sí, una bofetada "constructiva".

La persona que recibe la crítica lo primero que siente es enfado, y tras ello puede llegar a sentir tristeza. Seguramente, tú has estado en esa posición alguna vez.

Aquí, sería bueno aplicar el lema: **"todo lo que no quieras para ti, no se lo hagas a los demás".**

Espero que no seas de los que critican. Si lo eres, deberías saber que:

- Si te divierte criticar a los demás, te diré que no te beneficia lo más mínimo. Si observas tus sensaciones, verás que no tienen nada que ver con el bienestar ni con la sensación de expansión.
- Cada vez que criticas a alguien, tus células también activan el "modo defensa".
- Cada vez que hablas mal de alguien estás impregnando tu cuerpo con las vibraciones de esas palabras y de esos sentimientos. Recuerda el trabajo de Masaru Emoto.

Se puede hacer un cambio radical y abandonar definitivamente la crítica. O se puede hacer un cambio progresivo conforme uno se va dando cuenta que lo que hace no le aporta nada positivo ni a él, ni a los demás en su entorno.

En cuanto a los **juicios de valor**… cada vez que catalogas a una persona de cierta manera o cada vez que "cuelgas una etiqueta" a una persona, lo que estás haciendo es limitar tu visión y ver solo la etiqueta. Además, al mismo tiempo estás limitando a la otra persona. Limitas tu visión porque solo ves a esa persona de una manera, y esa visión no te permite ver muchas otras cosas que te puede mostrar dicha persona.

Si etiquetas a alguien de, por ejemplo, "egoísta" o "mala persona", solo te fijarás en las acciones "egoístas" y de "mala persona" que esa persona esté ejerciendo. Pero es que, además, por resonancia y debido a la Ley de la atracción, si sientes que esa persona es "egoísta" y "mala persona", todos los actos de esa persona hacia ti podrán tener esa vibración. Lo curioso es que seguro que su actitud hacia otra persona que no la juzgue puede ser totalmente la contraria: "generosa" y "buena persona".

Al emitir un juicio sobre otra persona también estás limitando a dicha persona quien, seguramente, tiene un amplio abanico de comportamientos para multitud de ocasiones y situaciones. En cierta manera, es como si les estuvieses exigiendo continuar actuando de esa manera que tú enjuiciabas. No le permites cambiar de modalidad de comportamiento. No le permites escoger entre toda la variedad de comportamientos que seguramente tiene y que sin duda puede mostrar.

Si abandonas los juicios, te darás cuenta de que muchas personas empiezan a comportarse de forma diferente a la que tú estabas acostumbrado a ver.

Te lo aseguro. **Puedes llegar a ver asombrosos cambios**.

Recuerdo el caso de Daniel, un cliente que estaba muy enfadado con un político local porque hacía años que había prometido llevar la energía eléctrica a su pueblo y no lo cumplía. En la comunidad tenían "etiquetado" a ese político como "corrupto y mala persona". Casualmente, Daniel conocía personalmente a ese político y aproveché ese hecho para preguntarle lo siguiente:

¿Ese político siempre ha actuado de esa manera?

Su respuesta fue:

No. Hace unos años se portó muy bien con nuestra comunidad, pero ahora ya no nos tiene en cuenta. Es un "corrupto".

En ese momento le pedí a Daniel que hiciese un ejercicio mental y le dije:

Piensa en todo lo bueno que aportó a la comunidad hace años e intenta centrarte en la bondad y la empatía que mostró en aquella etapa. También le pedí a Daniel que pensase en el hecho de que, si en aquel momento ese político actuó de forma bondadosa y empática hacia las necesidades de la comunidad, es que la bondad y la empatía están en él y, por tanto, siguen ahí y están a disposición. Por último, le pedí que pensase en que ese político volvía a contactar con su bondad y empatía hacia su comunidad, y que lo viese como que podía expresar lo mejor de su persona.

En esos momentos, los sentimientos de Daniel hacia ese político cambiaron. Le pedí que repitiese el ejercicio un par de veces al día, durante varios días.

El resultado fue sorprendente.

Un mes después teníamos otra cita y Daniel me comentó que no daba crédito a lo que había sucedido. Me dijo que estaban colocando los postes por los que llegaría el cableado de la luz a la comunidad. Se había desatascado algo que hacía años que no avanzaba.

Esa es una prueba del poder de los pensamientos y los sentimientos cuando se deja de enjuiciar. Tienen esa fuerza y mucho más.

No son casualidades. Yo no creo en las casualidades. Lo que te acabo de contar es una pequeña muestra de los centenares de casos que he seguido a lo largo de los años. Creo firmemente en la capacidad que tenemos todos de realizar cambios a partir del pensamiento, cambios que pueden afectar al exterior, pero que se inician en nuestro interior.

Te invito a probar. **Prueba a dejar de emitir juicios**, deja de "catalogar" o "etiquetar" a las personas de tu entorno o incluso a personas más lejanas. Prueba primero a dejar de "etiquetar" a miembros de tu familia o compañeros de trabajo y observa los resultados… **te sorprenderá gratamente**.

4.- Identificarse con el que sufre:

Tal vez te sorprenda un poco el contenido de este apartado.

La persona que se identifica totalmente con otra que sufre y que pasa por dificultades económicas o de cualquier otra índole, está en riesgo de bloquear su propia prosperidad.

La razón es la misma que vengo repitiendo hasta ahora. Todo está relacionado con el propio estado de ánimo.

Si el hecho de identificarte con la persona que está pasando una dificultad te hace entrar en un estado de tristeza o de preocupación, ese nuevo estado te está apartando del estado de tranquilidad y paz tan necesario para conseguir lo que te propones y sobre todo, no te permitirá estar en las mejores condiciones para poder ayudar si la situación lo requiere.

Sí, es bueno empatizar con la persona que lo pasa mal, y sí, es posible **ofrecerle toda la ayuda posible.** Pero es necesario **hacerlo desde la máxima tranquilidad**. Ocuparse de la situación, más que preocuparse.

Veo a muchas personas que enferman al responsabilizarse por completo de los problemas de su entorno, ya sean familiares, de amistades o de compañeros de trabajo.

Suele tratarse de personas muy sensibles al dolor ajeno, hasta tal punto que hacen suyo el dolor de los demás y acaban somatizándolo en sus propios cuerpos con síntomas diversos

como problemas digestivos, dolores musculares, cefaleas, etc.

Lo mismo ocurre en relación con la economía personal o doméstica. Si centras toda la atención en el problema de otra persona y lo estás sintiendo como propio, te estás desconectando de tu paz mental. Y a través de la Ley de la atracción atraerás preocupación en vez de prosperidad.

En casos así, lo mejor es dedicar un tiempo a pensar en cómo puedes ayudar a esa persona con dificultades, valorando también si el proceso que vive esa persona es algo necesario para ella, algo que necesita superar por sí misma y con sus propios medios.

Hay que tener mucho cuidado porque, a veces, con la sana intención de ayudar se está interfiriendo en algo que la otra persona necesita experimentar.

Imagina que un familiar se acaba de quedar sin trabajo y está en riesgo de perder la casa porque no puede pagar la hipoteca.

Te dispones a echarle una mano, pero te enteras de que tiene otros créditos además de su hipoteca y todavía tiene que pagar:

- Un automóvil nuevo
- Las vacaciones de los últimos dos años
- Una reforma de la cocina
- Muebles del comedor
- Crédito de la tarjeta

Resulta que tú, durante toda tu vida, has ido ajustando tu nivel de gastos a los ingresos que tenías, procurando no tener deudas. No obstante, tu familiar ha querido disfrutar de todo y siempre ha vivido al límite de sus posibilidades gastando lo que todavía no había cobrado.

Por mucho que duela, en un caso así, tal vez ese familiar tiene que vivir la experiencia, tiene que vivir la dificultad sin ayuda externa. Tal vez, esa persona necesite darse cuenta de que ha cometido algún error, y con esa situación se le ha presentado una oportunidad para aprender y hacer un importante cambio en su vida. Si tú le ayudas económicamente y le sacas del apuro, tal vez poco después repita el mismo patrón. Al final, él no aprenderá nada, y tú te quedarás sin tus ahorros y enfadado.

Hay que tener mucho cuidado con esto. **AYUDAR SÍ, SACRIFICARTE NO.**

Veo multitud de casos en los que personas que han sido cautelosas con su propia economía y sus inversiones, al firmar como avalista de un familiar o amigo, se han tenido que hacer cargo durante años de un crédito que no les pertenece, llegando a poner en riesgo sus propias viviendas. Lo que era un gesto de generosidad hacia un ser querido, una ayuda aparentemente sin riesgos, acabó convirtiéndose en una pesadilla económica que duró muchos años. En algunos casos, la situación terminó en la ruptura de la relación con la persona a la que avalaba y que "ayudaba".

Resumen a tener en cuenta:

- Empatizar con el que sufre, SÍ
- Hacer tuyo su problema, NO

* Ayudar al que tiene dificultades, SÍ
* Sacrificarte por ayudar, NO

Intenta estar en sintonía con lo que deseas, y lo más centrado y tranquilo posible en todo momento. Ese estado promueve la expansión y la prosperidad. Ese es el estado natural en el que proliferan las soluciones creativas.

En dicho estado puedes acceder a las mejores soluciones, tanto para ti como para los demás.

Mantenerte tranquilo y confiado te permitirá atraer hacia ti posibilidades de solución que jamás hubieses podido imaginar. Posibilidades que nacen del estado de serenidad interna, de apertura y de expansión.

5.- La culpabilidad:

Vamos a diferenciar dos matices de culpabilidad:

* Culpar a los demás
* Sentirte culpable

Es fácil caer en la tentación de **culpar a los demás** de tus problemas:

* Mi jefe me paga poco
* El trabajo es muy duro y estoy agotado
* Pago muchos impuestos
* Y un largo etcétera

Puedes tener razón en todo, pero si llevas años en la misma situación es porque no te has planteado de verdad dar un giro a tu vida.

A veces, sí puede estar justificado mantenerse estancado debido a una situación de cargas o responsabilidades familiares. Pero, en muchas ocasiones, ese estancamiento es debido al miedo e incertidumbre que produce el cambio.

Sea como sea, por una u otra causa, la cuestión es que, culpar a otros tampoco te resuelve el problema. Mientras estás culpando a otros, no te estás **ocupando** de buscar una mejora.

La emoción que suele acompañar a culpabilizar a los demás es la rabia, el rencor o la tristeza, junto a un sentimiento de decepción o frustración.

Estos son sentimientos y emociones contrarias a la prosperidad que hay que desechar o cambiar por sentimientos y pensamientos constructivos y creativos.

Un ejemplo de la importancia de esto lo vivió Laura, una mujer de mediana edad que se había separado de su marido unos meses antes. Laura estaba pasando un mal momento emocional y económico. Acusaba y culpabilizaba a su exmarido de haberla engañado, quedándose con prácticamente todo el patrimonio familiar. Esto la llevó a sufrir verdaderos apuros económicos. Aunque tenía un gran potencial, no conseguía encontrar trabajo. Parecía como si todo el universo se hubiese confabulado para perjudicarla.

En la primera sesión de acompañamiento con Laura, lo primero que trabajamos fue el rencor. Necesitábamos liberar la rabia y descargar esa fuerte emoción. No obstante, enseguida dirigí el resto de la consulta a ayudarla a ver cómo culpabilizar a su antigua pareja no le iba a dar trabajo, y que, ahora, necesitaba toda su energía para salir adelante y "renacer" de la "quiebra emocional y económica".

Al día siguiente, Laura me llama por teléfono para comunicarme que esa misma mañana había recibido tres ofertas de trabajo a través de diferentes canales. No habían pasado ni 24 horas desde la visita y desde su cambio de percepción.

El caso de Laura es otra muestra clara de hasta qué punto un bloqueo emocional y la culpabilidad pueden llegar a bloquear el acceso a la prosperidad. Cuando Laura cambió de "sintonía", la abundancia la encontró a ella.

Por otra parte, **sentirse culpable** por algo, tampoco ayuda en nada a la prosperidad.

Puede que en algún momento te hayas sentido culpable por haber perjudicado a alguien sin intención, o porque no has prestado la atención que necesitaba a alguna persona de tu entorno.

En casos así, más que sentirte culpable, sería bueno ver si aún estás a tiempo de reparar los daños y, si ese es el caso, hacer todo lo posible en ese sentido.

Si no es posible reparar el daño, date cuenta de los errores que has podido cometer y rectifica, para que en el futuro no se repita una situación similar.

Esta es otra manera de "reparar" el daño causado, la cual, será mucho más constructiva que mantenerte inmerso en el sentimiento de culpabilidad.

También puede ser que te sientas culpable por el hecho de que a ti las cosas te van bien al nivel que sea (salud, economía, trabajo, amistades), pero algún familiar o alguien muy cercano lo está pasando mal.

Sentirte culpable no resolverá sus problemas, pero sí que podría empeorar tu situación personal al bloquear tu acceso a la prosperidad. "Si te sientes culpable de tener cosas buenas", la vida puede dificultar el mantenimiento de parte de eso bueno que estabas disfrutando. Es como si le estuvieses diciendo a la vida que no mereces tener prosperidad ni bienestar.

¿Te has planteado que tal vez sea mejor sentirte bien y tranquilo, para que esa persona cercana pueda tener un referente positivo a su lado?

Apuesta por esta última opción. Le estarás ayudando mucho más que sintiéndote culpable.

6.- La queja y el victimismo:

La queja es otro de los "deportes nacionales".

Echar la culpa de todo lo que te pasa a los demás, lo único que provocará es perpetuar la situación.

Hay muchas personas que se quejan por todo:

- Me han echado del trabajo
- Mi familia no me ayuda

- Mis amigos no me llaman
- El gobierno lo está haciendo fatal
- El trabajo está muy mal
- Los salarios son muy bajos
- La vida está muy cara
- No puedo irme de vacaciones

Esta es una pequeñísima muestra de la multitud de quejas que podemos escuchar continuamente por la calle, en nuestro entorno, o incluso de nosotros mismos.

Si este es un hábito que tienes, mi recomendación es que lo cambies cuanto antes a un hábito mucho más saludable.

No lo dejes pasar ni un minuto más. Empieza a focalizar en tu mente aquello que SÍ deseas tener en tu vida, no lo que no funciona o no va bien.

Si te acaban de despedir del trabajo, suelta ese enfado o cualquier otra emoción cuanto antes y comienza a pensar rápidamente en qué alternativas tienes a tu alcance. Tal vez, lo que parece un drama se puede convertir en una gran oportunidad y en un cambio muy positivo para ti.

Lo que está claro es que quejarte y sentirte víctima de lo que te sucede o de lo que pasa a nivel global no soluciona nada.

Es mejor redirigir toda tu atención hacia qué posibles soluciones puedes buscar tú, por ti mismo, y lo antes posible.

A lo largo de la vida pueden aparecer muchas situaciones que no tienen nada que ver con lo que nosotros hemos hecho, pero que nos impactan de lleno y nos desestabilizan. Podemos optar por sentirnos víctimas de la situación, u optar por tomar acción para darle la vuelta a nuestra situación específica.

Para casos así te propongo el siguiente **ejercicio**:

Toma una libreta para ir apuntando las respuestas a las siguientes cuestiones.

- ¿Había algún tipo de indicio que hiciese presagiar lo que ha sucedido?
- Si es así… ¿Debo hacer algo para intentar evitar que una situación así me pueda volver impactar?
- ¿Cuáles son los posibles aprendizajes que puedo obtener de este momento?
- Observando todos los detalles de lo que ocurre… ¿Puede surgir alguna oportunidad? Enuméralas
- En caso afirmativo… ¿Qué puedo hacer para aprovechar la oportunidad?

Si no ves nada positivo en la situación que experimentas, llega el momento de poner el foco en la posibilidad de hacer todo lo posible para sentirte bien cuanto antes.

- Si te ves desbordado o abrumado, busca ayuda cuanto antes en personas cercanas, amigos, familiares o un profesional
- Céntrate en abrirte a la posibilidad de que en breve puedas sentirte mejor a todos los niveles posibles
- Acércate a personas o espacios que te aporten bienestar

- Busca información en forma de libros, podcast, vídeos de YouTube… para encontrar inspiración y motivación. Hay muchos recursos gratuitos al alcance de todos
- Dedica diariamente unos minutos a meditar o visualizar cómo te quieres ver en un futuro próximo

El estado de meditación promueve la aparición de ideas creativas, con un alto porcentaje de acierto a la hora de aportar posibles soluciones a los problemas.

Este ejercicio es válido para cualquier crisis, sea personal, local, o global.

Recuerda: ante cualquier dificultad, enfócate en buscar soluciones.

No pierdas ni un minuto quejándote o sintiéndote víctima de algo.

Concéntrate en CREAR.

CREA TU REALIDAD

7.- Las deudas y las compras a crédito:

Deudas y créditos son todo lo contrario a la abundancia económica.

Como lo que te interesa es alcanzar un estado de tranquilidad y bienestar para atraer abundancia económica hacia ti, cualquier cosa que suponga una preocupación, y más aún si es económica, NO TE VA AYUDAR lo más mínimo.

Si pretendes solucionar problemas económicos con créditos, es más que probable que sigas teniendo problemas de esa índole durante mucho tiempo.

Los créditos y deudas pueden ser una buena estrategia para invertir, esa es la deuda a la que muchos llaman "deuda buena", y que la pueden utilizar personas de forma individual, pequeños empresarios y grandes corporaciones, con la finalidad de poner en marcha un negocio o una inversión, y que, si todo va bien, en un futuro generará más riqueza y abundancia.

Pero para todos aquellos que empleen la deuda y el crédito para adquirir bienes o servicios que no generan riqueza o que no incrementan su valor, lo que conseguirán es incrementar el nivel de estrés, el miedo a no tener suficientes recursos a final de mes, y por ende y por atracción, se podrán incrementar las situaciones adversas que alimentan dicho miedo.

Si vas justo para llegar a final de mes y decides comprar a crédito, estarás comprando tiempo. Pero, al final, tendrás que devolver el dinero con intereses. Mientras, pospones y alargas la preocupación durante más tiempo.

Ya sé que hay momentos y situaciones ante las que endeudarse es la única opción:

- La compra de una vivienda
- Una reparación inesperada
- Iniciar un proyecto empresarial
- Y un largo etcétera

A veces uno no puede evitar endeudarse y tirar hacia adelante. Pero, en otros muchos casos, será mejor no hacerlo. Es mejor hacer lo posible por no entrar en deudas si la situación lo permite. Tu mente y tu cuerpo lo agradecerán, vivirás en paz más tiempo, sin sufrir por si tienes suficientes ingresos o no. Te sentirás menos "atado", con más libertad de movimientos.

En este caso te puedo hablar de mi propia experiencia.

Hace 20 años, en plena escalada de precios de la vivienda en España, tenía intención de independizarme, adquirir una vivienda y formar una familia. Disponía del salario de un trabajo estable y de unos ahorros para efectuar la compra. Quería ahorrar un poco más, pero los precios de las viviendas aumentaban mes a mes mucho más de lo que yo podía ahorrar. Los meses iban pasando hasta que decidí dar el paso y comprar.

Una de las casas que me gustó estaba localizada en una pequeña ciudad. La casa era grande, disponía de vivienda, jardín, un gran almacén y garaje para varios vehículos. Me gustaba mucho pero el precio estaba en el límite de mis posibilidades crediticias. La vivienda necesitaba importantes reformas. Y eso significaba que antes de entrar a vivir ya tenía que hacer un importante gasto y debía pedir un préstamo.

Hice números y calculé que si se mantenían mis ingresos económicos estables en los siguientes años, necesitaría veinte años para pagar la casa y las reformas. Durante veinte años no podría hacer ningún gasto extra, me tenía que limitar a pagar deudas. Me di cuenta de que esa situación no me sentaba nada bien, es más, me hacía sentir fatal. Durante veinte años, tenía que renunciar a tener vacaciones o disfrutar de algún viaje. Y estaría siempre preocupado por mis gastos. Al percibir ese malestar, decidí renunciar a la compra de esa casa.

A los pocos días, encontré otra casa más pequeña en un pueblo cercano a la ciudad y que necesitaba menos reformas. La casa tenía todo lo imprescindible y la pude adquirir sin apenas deudas. Fui haciendo las reformas conforme iba ahorrando, y lo pude compaginar con el disfrute de vacaciones y de actividades de ocio sin preocuparme por la falta de dinero.

Gracias a que no me endeudé con la compra de la vivienda, siete años después pude hacer un gran cambio en mi vida y pasar de estar en un trabajo que no me acababa de satisfacer, a formarme y ejercer como terapeuta.

Gracias a no tener deudas, pude dar un paso que me ha permitido cambiar de trabajo y ejercer mi pasión, la pasión de ayudar a las personas a sanar sus problemas y conflictos, de ayudar a mejorar sus vidas. Ahora puedo ejercer un trabajo que me satisface al 100%.

Si hubiese comprado la primera vivienda y me hubiese endeudado, ahora, seguramente, me sentiría frustrado, enfadado, estancado y "condenado" a trabajar el resto de mi vida laboral en el trabajo que ya no me satisfacía.

Cada día doy gracias por haber tomado la decisión de no endeudarme, y adaptar esa compra a lo que me podía permitir en aquel momento.

Comprando una casa más modesta, compré mi libertad.

En el caso de que ya tengas deudas hipotecarias o crediticias, mi recomendación es ahorrar todo lo que te sea posible para intentar anticipar el retorno de la deuda. Hacer lo posible para ir amortizando anticipadamente todo lo que puedas. De esa manera, estás enviando un mensaje de abundancia a la vida, al universo, diciéndoles que tu economía va bien y que te sobra dinero. La vida, el universo, te devolverá más abundancia, más dinero y más capacidad de amortización anticipada.

No sé tú, pero yo, cuando estoy realmente tranquilo, es cuando no le debo nada a nadie. Lo que te estoy comentando no pretende ser ningún "mandamiento". Es fruto de mi experiencia personal, y de lo que observo a diario en consulta. Puedes experimentar por tu cuenta, y si te es posible, pruébalo y valora sus efectos.

8.- Miedo a tener mucho dinero:

Sí, lo que acabas de leer… ¡Quién diría que tener mucho dinero puede activar el miedo en algunas personas!

Seguro que las personas que tienen muchas deudas están pensando que se me ha "ido" la cabeza, que me he vuelto loco, pero NO. De hecho es una cuestión de mentalidad, de mentalidad rica o de mentalidad de escasez.

Las personas con mentalidad rica no se preocupan por lo mucho que tienen. Pero es curioso comprobar cómo, personas con una mentalidad pobre, sí se preocupan, aunque tengan mucho. Generalmente, estas personas se preocupan por:

- Miedo a perder lo conseguido
- Miedo a que les roben
- Miedo a no saber invertir
- Miedo a ser engañados

Estoy hablando de mentalidad. Hay personas que tienen muy pocos recursos, y tienen una mentalidad rica y generosa. En cambio, hay personas que tienen mucho dinero y un gran patrimonio, pero tienen una mentalidad pobre, muy pobre, yo diría que casi miserable.

Una prueba de esto es el hecho constatado de que, no por recibir un dinero extra, mejora la situación de las personas a medio plazo. Un estudio efectuado a personas que les ha tocado la lotería constata que, diez años después de ese "golpe de suerte", el 80% de las familias que fueron afortunadas con el premio, tienen más problemas financieros o más dificultades económicas que antes de que les tocase la lotería.

Ahora, te animo a que dediques un tiempo a mirar en tu interior y comprobar si alguno de los miedos que he mencionado puede estar ahí escondido.

- Miedo a que te roben
- Miedo a no saber invertir
- Miedo a ser engañado
- Otros miedos

Hay mucha gente que, a nivel interno, siente que si tiene mucho dinero pueden estar en peligro, y eso les genera inseguridad.

Aunque ese sea tu caso, no te preocupes. Céntrate en esa cantidad de dinero que sientes que te ofrece un exquisito equilibrio entre la tranquilidad económica y la seguridad personal.

A otras personas les preocupa mucho el cómo invertir lo que están ganando y si sabrán invertirlo o, por el contrario, se pueden equivocar en las inversiones y perder parte de lo ahorrado. En otras personas se dispara el miedo a ser engañados. No se fían de los asesores ni de nadie que quiera brindarle consejo.

Sea cual sea tu miedo específico, no trates de navegar contra corriente, sino más bien de "negociar" con el miedo y llegar a un acuerdo. Procura encontrar el punto de equilibrio entre la tranquilidad económica y la sensación de seguridad. Esta puede ser una manera de calmar los miedos y desbloquear el acceso a la abundancia y la prosperidad.

Aquí también te emplazo a formarte y a leer o escuchar casos de éxito, de personas a las que las cosas les van bien, o de personas que han sabido reconducir situaciones adversas, hasta transformarlas en experiencias enriquecedoras y prósperas.

Resumen del capítulo:

Conductas y sentimientos que dificultan la prosperidad

1. La envidia
2. La competitividad
3. La crítica y los juicios de valor
4. Identificarse con el que sufre
5. La culpabilidad:
    a. Culpar a los demás
    b. Sentirse culpable
6. La queja y el victimismo
7. Las deudas y compras a crédito
8. Miedo a tener mucho diner

2ª PARTE
TAREAS PARA CONECTAR CON LA ABUNDANCIA Y LA PROSPERIDAD

Hasta aquí te he explicado la influencia de cada uno de los factores bloqueantes de la riqueza y prosperidad que conozco.

Una vez trabajados y liberados todos esos bloqueos, vamos a meternos de lleno en una metodología útil para darle la máxima celeridad a la llegada de la abundancia y prosperidad a tu vida.

Te emplazo a tomar libreta y bolígrafo, e ir trabajando el contenido de los siguientes capítulos de forma completa, paso a paso.

CAPÍTULO 13

HACER UN ANÁLISIS EXHAUSTIVO DE TU SITUACIÓN ECONÓMICA ACTUAL

Efectivamente, necesitas saber en qué situación te encuentras exactamente. Analiza hasta el más mínimo detalle de tu economía personal, doméstica o empresarial. Vendría a ser el equivalente a una auditoría en una empresa.

No sirve decir: "no llego a fin de mes", o "necesito más ingresos".

Es necesario especificar, hacer una valoración real, no dejar lugar a lo subjetivo, y no obviar ningún gasto por pequeño que sea, incluyendo ese café que tomaste por la mañana en el bar de la esquina.

Es impresionante la cantidad de personas que me consultan sobre problemas económicos, y que, cuando les pido que concreticen, que no generalicen, no saben exactamente en qué están gastando su dinero.

Un ejemplo de ello es el caso de Ruth, una mujer de 45 años que me comenta que cuando llega el día 20 del mes ya no dispone de dinero. Por ese motivo, no puede comprar algunas cosas que considera básicas. Su familia está formada por tres personas: su marido, su hijo pequeño y ella.

Le pregunto si ella y su marido trabajan. Me contesta que sí, que trabajan los dos, pero que incluso así siempre tienen dificultades económicas y que no ingresan suficiente dinero. Le pregunto si tienen deudas y me dice que están pagando un crédito.

Ruth seguía insistiendo en que necesitaban aumentar sus ingresos. Entonces le pregunto: ¿cuánto ganáis entre los dos? Me sorprendió la respuesta por qué el nivel de ingresos no era bajo. Estaba en la media de cualquier familia en la que trabajan los dos miembros.

Hice la resta mentalmente: ingresos – crédito, y seguía quedando una cifra de dinero más que suficiente para mantener una familia de tres miembros.

Entonces le expuse… si una vez pagada la cuota del crédito, todavía os queda esta cantidad… ¿No crees que tres personas pueden vivir bien con esa suma de dinero?

Ruth se quedó totalmente sorprendida. Su respuesta fue clara. "Con esa cantidad, deberíamos vivir totalmente tranquilos y sin preocupaciones".

A continuación, le pedí que hiciese un buen análisis de absolutamente todos los gastos domésticos y todos los recibos domiciliados a través del banco. Y cuál fue la sorpresa de Ruth al darse cuenta de que todos los meses pagaban recibos por servicios que disfrutaban otras personas. En ese momento, es cuando deciden poner orden en sus cuentas. A partir de ahí, no solo podían llegar bien a fin de mes, sino que pudieron comenzar a ahorrar una parte de sus ingresos.

Quizás esto te pueda parecer exagerado o puedes pensar que no es normal que suceda algo así. Pero te puedo asegurar que suceden cosas así, y cosas mucho más sorprendentes. En muchas ocasiones, la realidad supera la ficción. El exceso de confianza o la despreocupación sobre el control de las cuentas, genera constantes pérdidas de liquidez. Lo mismo sucede con multitud de cuotas, suscripciones, recibos de servicios, de asociaciones, etc.

Igual hace meses que ya no vas al gimnasio, pero sigues pagando mensualmente el recibo. Quizás sigues pagando y recibiendo una revista que ya no lees, o pagas anualmente una suscripción a un servicio online que dejaste de utilizar por falta de tiempo. Se trata de pequeñas pérdidas, pero que te pueden ir descapitalizando y que, cuando las sumas, seguramente te permitirían dedicarlas a cosas más importantes o al ahorro.

Repito, no hay que dar nada por hecho. Haz un análisis pormenorizado de ingresos y, sobre todo, de gastos.

Yo hago esto todos los días. Cada día apunto lo que he gastado + los recibos pagados en una libreta o una hoja Excel. Así, mantengo constantemente el control sobre mis gastos. De esta manera, he podido detectar muchas ocasiones subidas de precios de servicios como telefonía o internet sin previo aviso. Y, tras ello, he podido reclamar esa subida para volver al precio contratado inicialmente. También me ha pasado que he pagado algunas suscripciones que ya hacía tiempo que no utilizaba. En tales casos, he cancelado la suscripción de forma inmediata. Estos son ejemplos de pequeñas pérdidas, pero también los hay de pérdidas mayores.

Hay personas que por un descontrol de gastos como ropa, comidas en restaurantes, fines de semana de ocio, vacaciones… han llegado a gastar ingentes cantidades de dinero, y como consecuencia, les han llevado a limitar su economía durante años.

Como apunte final, decir que también es importante saber cómo van tus cuentas para poder cuantificar y calcular la cantidad mínima de dinero que necesitas para superar alguna dificultad económica.

Cuanta más concreción y precisión, mucho mejor. Así, "el camarero de la vida" tiene claro qué es lo que tiene que encargar a "cocina". Y una vez preparado el plato, te lo podrá servir. No es lo mismo decir "necesito más ingresos para pagar los recibos del próximo mes", que decir "¿qué puedo hacer para ingresar 450 euros extra y pagar los recibos del próximo mes?".

La vida, el universo, el entorno, te responderá mucho mejor si concretizas que si generalizas.

En la siguiente página web te puedes descargar gratuitamente una plantilla para apuntar los gastos mensuales día a día:

www.elcaminosecreto.com

En el caso de trabajar por cuenta ajena y de que los ingresos se limiten a los salarios percibidos, más algún ingreso extra, puedes llevar el control de gastos diarios y mensuales en una simple libreta. Puedes reservar la parte superior de la página para apuntar los ingresos, y el resto de la página para ir apuntando todos los gastos, hasta el más mínimo de ellos, por insignificante que parezca.

Esta es la mejor forma de hacer una "radiografía" y un diagnóstico fidedigno de la situación económica real a nivel personal o familiar.

Una vez realizado el análisis preciso puedes pasar al siguiente capítulo.

CAPÍTULO 14
HAZ UN PRESUPUESTO Y RESPÉTALO

Una vez hayas cuantificado todos tus ingresos y gastos de forma exhaustiva, te animo a que hagas un presupuesto para los próximos meses y que lo respetes.

Marca todos los gastos que NO son de primera necesidad y haz una valoración sobre cuáles son prescindibles por el momento. Recorta gastos en todo lo que no sea completamente necesario. Haz el esfuerzo de revisar todo de forma minuciosa, como lo haría un inspector de hacienda. Tú debes ser tu propio contable. Es muy probable que necesites mucho menos de lo que te parece.

No te servirá de nada marcarte un presupuesto para el mes siguiente, si vas a ir saltándote los límites que te has propuesto.

Si no eres capaz de cuidarte y tener disciplina contigo mismo, no esperes que la vida te "premie" con abundancia. La disciplina es algo que te puede hacer crecer a nivel interior y que te permitirá acelerar el proceso hacia la consecución de mejoras económicas. Si consigues disciplinarte ante una situación de dificultad, te sentirás orgulloso de ti mismo en cuanto veas un mínimo resultado positivo.

Te sentirás satisfecho del trabajo realizado y, en poco tiempo, podrás ver que la vida te recompensa, conectándote con la prosperidad y facilitándote el camino para llegar a las metas que te hayas propuesto.

Si no soy capaz de cumplir un compromiso hacia mí mismo, no tengo derecho a quejarme por el hecho de no obtener los resultados deseados.

Si tengo una dificultad económica y, en vez de recortar gastos, sigo comprando diferentes productos que no son de primera necesidad, es como si le estuviese comunicando a la vida que ya estoy conforme con la situación que vivo. Por la Ley de la atracción, la vida me devuelve más de lo que vivo. En este caso, dificultad económica.

Siempre pueden surgir imprevistos urgentes que no te permitan ser fiel al presupuesto que has planificado, pero sí que es necesario que todo lo que dependa de ti lo respetes escrupulosamente.

Eso equivale a cuidarte. Y **SI TÚ TE CUIDAS, LA VIDA TE CUIDA**.

Adáptate a tus posibilidades

Hasta ahora has hecho un análisis profundo de tu situación económica personal o doméstica, has hecho un presupuesto que te has comprometido ejecutar… y el siguiente importante aspecto a tener presente es, adaptarte a lo que dispones, a lo que tienes en estos momentos. Parece obvio. Parece que lo que te estoy diciendo "cae por su propio peso". Es que sería de "tontos" no hacerlo, no hay otro remedio. Son ideas lógicas, pero, en realidad, un gran porcentaje de personas que tienen dificultades económicas no adaptan sus gastos a la disponibilidad de ingresos.

Hay quienes, sin tener suficientes ingresos, siguen incurriendo en gastos prescindibles. Y puede que, quizás, estén renunciando a productos de primera necesidad. Esto no tiene justificación, pero sucede y mucho. Sucede mucho más de lo que sería deseable. Seguramente conoces varios casos similares en tu entorno.

Volvemos a la máxima expuesta antes: **"SI TÚ TE CUIDAS, LA VIDA TE CUIDA"**.

Si no eres capaz de disciplinarte y adaptarte a tu capacidad adquisitiva, no esperes regalos. La vida te puede dar mucho, pero cuando estés en disposición de recibir. Te lo dará cuando ya hayas aprendido a controlar ese instinto de compra o esas inercias que te han llevado a la situación de dificultad.

Se han hecho algunos interesantes experimentos relacionados con el autocontrol, entre ellos el elaborado en los años sesenta por el psicólogo de la Universidad de Standford, Walter Mischel. Se trata de un experimento que, hoy en día, se sigue realizando y que tiene multitud de implicaciones a diferentes niveles, tanto a nivel personal como a nivel empresarial y de gestión de equipos.

El experimento de Mischel era bastante sencillo. Consistía en llevar a varios niños, de uno en uno, a una sala en la que había una golosina (una nube de azúcar). Entonces, se le decía al niño que **si podía aguantar 15 minutos sin comerse la nube, le darían otra más.**

Puedes ver uno de los vídeos del experimento en: https://www.youtube.com/watch?v=X-S-a0cQB2s

Años después del experimento, se ha podido comprobar que la vida, los estudios, los trabajos, la economía, les va mucho mejor a la mayoría de los niños que supieron y pudieron esperar esos 15 minutos sin comerse la nube. En términos generales, les va mejor que a los que no pudieron resistirse a la tentación de comerse la "chuche" antes de que pasaran los 15 minutos de espera.

Los niños que esperaron obtuvieron el doble de recompensa, y en la vida real, adulta, la paciencia, el autocontrol y la perseverancia también tienen recompensa.

Esto es totalmente válido para los adultos y demuestra que la espera, la paciencia, y la autodisciplina son recursos que si los cultivas y los potencias, pueden aportarte buenos resultados. Puedes practicar a ser paciente, ahorrar y esperar a que surja una buena oportunidad.

Si aprendes a esperar a tener los recursos económicos para adquirir aquello que necesitas o deseas, día a día incrementarás tu propia disciplina, tu propio autocontrol y la satisfacción personal. Más pronto que tarde, la vida te corresponderá y te premiará.

CAPÍTULO 15
INVIERTE EN FORMACIÓN

Si no eres una de las personas que se dedican a un oficio tradicional, formarte será más que una recomendación, prácticamente una obligación.

Dada la velocidad a la que se están produciendo los cambios hoy en día, es indispensable actualizar conocimientos. Incluso personas que tienen oficios tradicionales, ahora aprovechan el auge de las nuevas tecnologías para ofrecer sus productos a través de Internet, para gestionar pedidos, automatizar procesos de distribución, etc. Esto les ha requerido hacer un esfuerzo para aprender cosas que jamás hubiesen imaginado.

Un buen ejemplo de ello es Castelserás, un pueblo de Teruel (España). Se trata de un pueblo de 800 habitantes que tiene varias empresas relacionadas con negocios de todo tipo. El pueblo vende a través de internet productos como pan, alfalfa, objetos de segunda mano, juguetes, cosmética, tinta, impresoras, fotocopiadoras, cuchillos, navajas, espadas, etc. La mayoría de los vecinos de este pequeño pueblo han optado por formarse y unirse a la tendencia, en vez de quejarse y ver cómo sus economías y el número de habitantes del pueblo se venían abajo.

La formación te puede proporcionar un sinfín de posibilidades que vale la pena explorar. Y esto vale la pena no solo en momentos de dificultad, sino también en momentos de abundancia y prosperidad económica.

Personalmente, creo firmemente en la necesidad de formarse. Llevo 35 años trabajando ininterrumpidamente. Los primeros 22 años lo hice para una empresa, y el resto por cuenta propia. Desde el primer día que empecé a trabajar para una empresa, le dije a mi jefe que yo quería seguir formándome, que si no me facilitaba formación me buscaría otra empresa que sí lo hiciese. Casi cada año hice una o varias formaciones sobre todo tipo de novedades y especializaciones. Años más tarde, cuando descubrí el apasionante mundo del acompañamiento terapéutico y del crecimiento personal, supe que ya nunca dejaría de estudiar y formarme. He dedicado y sigo dedicando muchos recursos económicos y tiempo a formarme. Estoy convencido de que ese ha sido uno de los pilares que me han permitido mantener mi estabilidad económica, a pesar de haber iniciado mi propio proyecto laboral en el año 2011 y en plena crisis económica.

Invertir en formación es algo de lo que no te vas a arrepentir, es algo que te va a nutrir interior y exteriormente. Interiormente sintiéndote vivo, ilusionado, satisfecho de adquirir nuevos conocimientos, ampliando horizontes y creando millones de nuevas conexiones neuronales. Exteriormente estando más preparado para afrontar nuevos retos, estando más capacitado para aprovechar y crear oportunidades para prosperar.

Pero… **¿cuál es la cantidad ideal a invertir en formación?** La respuesta es: un mínimo un **3% de tus ingresos**. Esa sería la cantidad **mínima** a invertir para poner todo de tu parte a fin de generar nuevos recursos e ingresos. Bueno, si ganas millones de euros al año, puedes variar la cifra un poquito a la baja:). Seguro que sabrás encontrar el porcentaje adecuado.

En ciertos momentos, esa cantidad puede verse incrementada considerablemente, incluso puede llegar a cuotas cercanas al 100% de los recursos disponibles.

En mi caso, y durante varios años, he invertido cerca del 30% de mis ingresos en formación.

¿Cuánto invierte un joven universitario durante toda su formación hasta que se gradúa? Son miles y miles de euros de inversión y que, por regla general, acaban recuperándose a lo largo de la vida laboral. Y esto sucede gracias al tiempo y dinero invertido en formación.

Dedica parte de tus ingresos a comprar libros sobre temas que te interesen o conocimientos que necesites para mejorar. Busca cursos específicos, seminarios, clases particulares, u otras formaciones en cualquier formato, sea presencial u online. También dispones de gran cantidad de recursos gratuitos en internet. La cuestión es hacer lo posible por acumular más conocimientos y aprendizajes, ser un poquito más sabio, aprender algo nuevo, sea lo que sea.

Si no lo has hecho hasta ahora, te lo puedes plantear como un reto. A la mente humana le gustan los retos. Los retos generan gran motivación y ayudan a movilizar todo lo necesario para pasar a la acción.

Piensa que, si no eres tú mismo el que se plantea el reto personal, en algún momento puede ser la vida que te rete. ¡¡Cuántas personas, a lo largo de la historia, se han visto desplazadas laboralmente por modernizaciones, automatizaciones, optimización de procesos productivos, etc!!

Los que aprendieron y se adaptaron a los cambios mejoraron sus condiciones de trabajo y sus retribuciones económicas. Otros perdieron sus empleos y se estancaron.

Con los retos, novedades e innovaciones que están apareciendo constantemente, mi recomendación es: **Invierte mucho en tu formación**.

Tu formación siempre va a acompañarte. Tus conocimientos, tus aprendizajes y tu saber hacer, no se quedan en la empresa o el negocio en el que ahora trabajas. Van a ir siempre contigo. No lo dudes. **Es tu mejor inversión.**

CAPÍTULO 16
PÁGATE A TI MISMO

Una vez que hayas conseguido el equilibrio económico y financiero, llega el momento de comenzar a prepararte para un futuro más prometedor. Una de las fórmulas que te pueden funcionar, en este sentido, es la de separar y guardar un porcentaje de tus ingresos como fondo para cualquier tipo de inversión futura.

¿Cuál sería la cantidad ideal a apartar para pagarte a ti mismo?

Un 10% del sueldo o de los ingresos puede ser una buena cifra para empezar. Más adelante, a medida que aumentan tus ingresos, puedes aumentar ese porcentaje tanto como tu situación financiera te permita.

Ese dinero lo puedes ir colocando en una cuenta aparte hasta conseguir acumular una buena cantidad. A partir de ahí puedes empezar a hacer que ese dinero trabaje para ti. O también puedes ir haciendo aportaciones periódicas a algún tipo de producto de inversión. Podrás buscar el asesoramiento de algún gestor o inversor de confianza, o estudiar y aprender acerca de diferentes posibilidades de inversión y comenzar a mover por ti mismo ese dinero para que te genere más ingresos.

También puedes dejar ese dinero como fondo de seguridad. Como ya sabes, podrás acceder a la prosperidad si estás tranquilo a nivel económico, atrayendo hacia ti más situaciones y personas que alimenten y generen tranquilidad económica. Por lo tanto, si te da más tranquilidad ahorrar ese dinero y no invertirlo, también puede ser una opción estupenda.

A nivel energético, el hecho de **"pagarte" a ti mismo es como cuidarte**, como mimarte. Y como sabes: **"si tú te cuidas, la vida te cuida", "si tú te mimas, la vida te mima"**

CREA FONDOS DE RESERVA

El siguiente paso es el de crear varios fondos de reserva para futuras inversiones o eventualidades. Varios fondos diferentes para:

- Automóvil: reparaciones o sustitución
- Gastos inesperados o reparaciones en la vivienda
- Vacaciones
- Estudios de los hijos
- Otros gastos: dentista, oculista, etc.

Cada individuo o familia debe decidir a qué puede dedicar cada uno de los fondos. Será bueno asignar cada mes una parte de los ingresos a cada uno de los fondos creados. Cuando haces una acción de esta magnitud, creas un importante hábito de disciplina y autocontrol que se traducirá en más tranquilidad económica porque podrás hacer frente a cualquier eventualidad que surja sin estrés añadido. Sabrás que tienes dinero suficiente para pagar los gastos necesarios y cubrir esa eventualidad.

En casos así, evitarás tener que recurrir a un crédito que más tarde tendrías que devolver con intereses y que, sin duda, haría aumentar tu nivel de estrés. Y eso es justo lo contrario de lo que necesitas para atraer abundancia y prosperidad.

Al crear y mantener los fondos de reserva, estás creando un seguro de bienestar que te puede ayudar a atraer más prosperidad. A más prosperidad, más tranquilidad y más confianza, y… nuevamente… más prosperidad.

Se trata de ir alimentando ese **"círculo prodigioso"**:

Tranquilidad + confianza = prosperidad = + tranquilidad + confianza = + prosperidad

CAPÍTULO 17
ADMINISTRA TU TIEMPO

Este es un punto de vital importancia si quieres que tu vida sea muy productiva. Hay mucha gente que emprende negocios después de trabajar para alguna empresa, pero esa iniciativa no siempre acaba bien. De hecho, se dice que: **"si no sabes administrar bien tu tiempo, difícilmente vas a administrar bien un negocio"**.

Mientras trabajas para alguien, tendrás un horario y unas tareas encomendadas que deberás cumplir. El problema se puede presentar cuando inicias tu propio negocio o te autoempleas. No es lo mismo que alguien te diga lo que debes hacer y tú solo te tengas que preocupar de hacer el trabajo, que tener que organizarte tú todos tus horarios y actividades. La gestión del tiempo es uno de los factores que suelen marcar la diferencia entre ser muy productivo y no serlo.

Cuando cambié de trabajo y comencé a trabajar por cuenta propia, uno de los temores más importantes que me asaltó fue, si sería capaz de gestionar y administrar bien mi tiempo. Para asegurarme de que era así, me propuse trabajar como mínimo 40 horas semanales. Cuando digo trabajar me refiero a:

- Visitas concertadas a clientes:
  - En consulta propia

- o Consultas ONLINE
- o Colaboración con otros centros
- Dar a conocer mis servicios:
  - o Publicidad:
    - Folletos
    - Página web
    - Redes sociales
    - Anuncios en Internet
  - o Escribir artículos sobre mi trabajo
    - Revistas locales
    - Blogs o páginas web especializadas
  - o Charlas informativas
- Formación
  - o Seguir formándome
  - o Preparar talleres para ofrecer a mis clientes

Después de unos años, me siento totalmente satisfecho porque fui capaz de superar ampliamente las 40 horas semanales de dedicación a diferentes tareas que estaban relacionadas con el trabajo.

Aunque los ingresos solo venían de las visitas de acompañamiento a los clientes, y al principio no eran muchas, me quedaba mucho tiempo libre para estudiar, formarme mucho, y darme a conocer. Así lo hice, y los resultados han sido francamente buenos.

La experiencia vivida durante toda esa etapa me ha ayudado a incorporar e integrar un hábito de autodisciplina y constancia.

No dudes lo más mínimo sobre los efectos positivos que tiene el hecho de saber gestionar el tiempo. Trabajar mucho no siempre es sinónimo de productividad. En muchas ocasiones, se pierde mucho tiempo por falta de organización y de previsión. Es por eso que muchos negocios no salen adelante, por una mala organización o mala planificación.

También es necesario saber priorizar. Hay muchas empresas que fracasan, no porque no se trabaje bien o por falta de trabajo, sino por una mala gestión. Tal vez no han sabido centrarse en ciertas áreas de sus negocios que eran tan importantes como el trabajo y el producto en sí, áreas como la contable, la de gestión o la de organización. A veces se hace necesario parar, sentarse, coger una libreta y planificar sobre un papel. Dedicar un tiempo a planificar y establecer un orden de prioridad a las tareas pendientes, puede ayudar a ganar muchas horas, horas que pueden resultar muy productivas.

Si tienes problemas para gestionar tu tiempo, o para organizarte eficazmente, puedes buscar libros, cursos o talleres que traten sobre el tema.

Bibliografía recomendada:

- "Las cajitas del éxito" de Aritz Urresti
- "Mapas mentales" de Tony Buzan

Podrás encontrar muchos más títulos en cualquier librería. No dejes de pensar en esta virtud, en la capacidad de hacer una buena gestión del tiempo. Esta puede ser tu plataforma de lanzamiento hacia cualquier objetivo que te propongas. Esto te acercará a la prosperidad económica o a la prosperidad en otras áreas de tu vida.

Creando tu futuro

Antes de comenzar a hablar sobre todo lo que se necesita para definir correctamente tu objetivo, repasaremos algunos detalles importantes sobre la Ley de la creación y la Ley de la atracción.

LEY DE LA CREACIÓN

Todo lo que vemos en nuestro entorno ha sido creado por algo o por alguien.

Si existe, es que ha sido creado. CAUSA→EFECTO

Todo aquello que vemos a nuestro alrededor, todo lo que ha sido construido, lo que ha sido fabricado, elaborado, procesado, todo lo que tenemos en nuestras casas, todo lo que vemos al pasear por la calle, todo lo que utilizamos a diario, lo que podemos adquirir en cualquier comercio, o a través de la contratación de un servicio… antes de ser materializado ha sido imaginado, y pensado por la mente de una o varias personas.

Cualquier cosa, para ser creada, antes debe ser pensada (CAUSA), debe ser vista, imaginada por la persona que la quiere crear. En la mente de esa persona se crea la imagen o la idea (CAUSA). Tras ello, esa persona puede comenzar a perfeccionar esa cosa, tal vez sobre un papel, un ordenador o con otras herramientas. Finalmente, le da la forma y también la función para la cual ha sido pensada. Y, con el tiempo, la idea se acaba materializando (EFECTO).

Todo lo que estás viviendo en tu vida ha sido creado consciente o inconscientemente, por ti mismo o por el inconsciente familiar.

LEY DE LA ATRACCIÓN

La Ley de la atracción parte del precepto de que todos nuestros pensamientos pueden hacerse realidad. Esta ley nos dice que podemos conseguir todo aquello que nos propongamos, que si focalizamos nuestra energía mental en un deseo o en un objetivo concreto, podemos atraer hacia nosotros dicho deseo. Lo puedes imaginar como si cada persona fuese un gran imán que atrae hacia sí todo aquello que piensa o siente.

La Ley de la atracción está en constante funcionamiento. Es decir, que con intención o sin ella, la Ley de la atracción funciona en todo momento. Por lo tanto, se atrae hacia uno mismo, todo aquello que se piensa y se siente.

Para evitar crear realidades de carencia, mejor **mantén tu atención tanto tiempo como sea posible en lo que quieres experimentar**, en lo que deseas que sea tu realidad más inmediata.

Una vez repasados algunos detalles sobre la Ley de la creación y la Ley de la atracción, centraremos la atención en uno de los pasos más importantes: **la correcta definición del objetivo que deseas conseguir.**

CAPÍTULO 18

DEFINE TU OBJETIVO

Para una correcta definición del objetivo que te propongas, tendrás que tener en cuenta algunos requisitos importantes. Se trata de requisitos necesarios para que se cumplan las mencionadas leyes, y **que llegue a tu vida lo que SÍ deseas** y no lo que NO quieres.

Requisitos a cumplir para obtener una correcta definición de objetivo:

1. Definir el objetivo de forma clara y concisa
2. Redactar el objetivo en Positivo
3. Redactar el objetivo en presente
4. Pensar a lo grande
5. Pensar en un objetivo que sea bueno para todos
6. Soltar el control

Ahora puedes volver a tomar libreta y bolígrafo para, a modo de ejercicio, poder plasmar sobre el papel los siguientes pasos.

1.- Define tu objetivo de forma clara y concisa:

En primer lugar, debes desarrollar una clara definición de tu objetivo. Si generalizas, es más difícil obtener un retorno positivo.

La fórmula "quiero ganar más dinero" no es la más eficaz para conseguir materializar un objetivo. O sea, que será mejor definir claramente y especificar cuánto dinero necesitas y con qué finalidad.

No será lo mismo pedir "deseo ingresos extra para irme de vacaciones este año", que decir "quiero generar 2500 euros extra para ir 15 días de vacaciones a New York".

Cuanta más precisión aportes a la definición, más posibilidades hay de que acabes disfrutando de tu objetivo. Si, por ejemplo, deseas un ascenso en la empresa donde trabajas, especifica el cargo que deseas tener. Si necesitas un aumento de sueldo, especifica la cuantía que necesitas.

Álex, un hombre de 42 años que se había separado de su pareja, y debía decidir si le compraba su parte de la casa, o la vendían y se repartían el dinero. Hasta esos momentos, sus ingresos eran los justos para llegar a fin de mes tras pagar todos los gastos. Si su economía no mejoraba, no podría hacerse cargo del crédito para comprar el 50% de la vivienda a su expareja. Si decidían vender la casa, tenía que irse de alquiler o comprar un piso más pequeño. Y tampoco tenía suficiente dinero para ello.

Cuando me comenta su situación, le pregunto si ha calculado cuánto dinero extra necesita ingresar al mes para comprar la parte de la casa a su expareja. Hasta ese momento, Álex no se había planteado esa opción en serio. No le era posible aumentar sus ingresos para pagar un crédito hipotecario.

Le pedí a Álex que consultara a algún asesor o preguntara al banco cuál sería la cantidad exacta que pagaría mensualmente por el crédito para comprar el otro 50% de la casa. Al cabo de unos días me comenta que ya ha hecho el cálculo y que necesitaría unos 250 euros extra cada mes para dar el paso. Entonces, Álex se empieza a plantear la posibilidad de cambiar de empresa. Tenía claro que en la suya no le iban a subir el sueldo, ya que todos los trabajadores cobran lo mismo.

Llegados a este punto, le pedí que formulase su objetivo ahora que ya tenía los datos concretos. Así lo hizo, pero con muchas dudas sobre si podía tener algún tipo de efecto. No veía nada fácil poder cambiar de trabajo.

Le comento que no se preocupe por cómo conseguirá su objetivo, que simplemente lo formule y confíe. Le digo que si quiere mirar la posibilidad de cambiar de trabajo que reflexione sobre ello, y se informe de si hay alguna vacante en otra empresa. Le emplazo a que haga su parte, pero que después confíe y deje que la vida y el universo muevan los hilos. Le transmito que la vida tiene infinidad de soluciones para cada problema, muchas más creativas que las que nosotros podemos elaborar con nuestras mentes.

Diez días después, Álex me llama y me cuenta las novedades. Una semana después de hacer el ejercicio que le pedí, le llamó el gerente de su empresa para ofrecerle la posibilidad de trabajar en otro turno. Aunque ese turno podía ser algo más pesado, estaba mejor remunerado.

¿Adivinas de cuánto era el incremento salarial que le ofrecieron?

Acertaste: 250 euros.

Álex no daba crédito a lo que le estaba pasando. Sin apenas esfuerzo, solo formulando y concretizando lo que necesitaba, lo había conseguido.

Al final, optó por cambiar de turno y comprar la otra parte de la casa.

2.- Redacta tu objetivo en positivo:

Es muy habitual escuchar frases como:

- No quiero sufrir más
- No tengo dinero
- No quiero pasar más dificultades económicas
- No aguanto más en el trabajo
- No quiero ver a x persona

Todas estas frases están formuladas desde el dolor, desde el malestar. Cuanto más se repite una frase como las expuestas, más fuerza puede adquirir el problema.

Al estar centrados en el problema, ¿qué se puede atraer? Pues eso mismo, más problemas.

Esa es la fórmula que más te puede acercar a la perpetuidad del conflicto.

Si quieres encontrar una solución al problema, lo más rápida y eficazmente posible, es mejor que pienses y hables sobre la solución. Atraerás aquello sobre lo que hables.

- Si hablas del problema → Atraes más problema
- Si hablas de la solución → Atraes la solución

Tú eliges. Mi recomendación es que redactes tu objetivo enunciando la solución, enunciando todo lo que deseas tener o experimentar. Prueba y ya me contarás.

3.- Redacta tu objetivo en presente:

Este punto requiere de tu máxima atención. Aquí reside el secreto del éxito.

Observa que existe una gran diferencia entre decir:

- "Necesito 250 euros extra al mes", y…
- "Dispongo de 250 euros extra cada mes"

En la primera frase estás hablando de una necesidad y, debido a la Ley de la atracción, atraerás más necesidad.

La segunda frase habla de la solución y, además, una solución ya conseguida.

En realidad, es como si estuvieses haciendo un viaje en el tiempo hasta el momento en que ya has conseguido tu objetivo. Justamente se trata de eso. Se trata de lanzar un mensaje de certeza, de que ya has logrado algo y lo estás disfrutando. Eso hace que, energéticamente, ya estés en total sintonía con tu objetivo y, por la Ley de la atracción, los hilos se mueven para crear esa realidad. No dejas opción a otra cosa.

¿Acaso crees que algún inventor o creador no ha visto su obra acabada antes de iniciar el proyecto? Pues justo eso, es lo que hay que hacer, imaginarse y verse con el objetivo conseguido.

Esto es lo que deberás tener en cuenta a la hora de definir tu objetivo:

- Ser claro y conciso
- Redactarlo en positivo
- Redactarlo en presente (como si ya lo estuvieses disfrutando)

Siguiendo con el ejemplo de las vacaciones, el enunciado podría ser el siguiente:

"Dispongo de 2500 euros para irme de vacaciones a New York".

4.- Piensa a lo grande

En el caso de Álex, hizo el cálculo del dinero extra que necesitaba para pagar el crédito hipotecario. Álex ya está más que satisfecho con el resultado obtenido… pero teniendo en cuenta lo fácil que resultó… ¿Por qué no ir más allá?

Tenemos la tendencia a pedir o desear lo justito para superar la dificultad que estamos viviendo. Pero el universo es inmenso, y el planeta tierra es minúsculo en comparación con todo ese universo. Te animo a **que cada vez que desees plantearte un objetivo**, cada vez que hagas una demanda, **pienses que** no se lo pides a tu jefe, a tus clientes o a tu familia, sino que se **lo estás pidiendo a toda la inmensidad del universo.**

Teniendo en cuenta las dimensiones del universo… ¿Hay algo que puedas pedir que sea demasiado grande para semejante magnitud?

¡Está claro que no!

Por tanto, no dudes en pedir más de lo mínimo que necesitas.

Cuando cuantifiques el objetivo, puedes añadir una parte extra para disfrute personal o para que te pueda generar tranquilidad total.

Piensa en los casos que hemos comentado:

En el caso de las vacaciones a New York, te podría dar un extra de bienestar si en vez de 2500 euros justos para pagar el viaje, consigues 4000 euros para el viaje, regalos, excursiones, y volver con algo de dinero a casa.

Suena mejor así, ¿verdad?

En el caso de Álex, también hubiese podido añadir a esos 250 euros un plus para disfrutar del ocio y entretenimiento. O, ¿por qué no? Un extra para unas merecidas vacaciones.

¿Acaso no es justo que si pasas todo el año trabajando, también puedas disfrutar del fruto de tu trabajo? ¿No es justo que quieras pasar unos días de vacaciones, o salir a cenar, al cine…?

No renuncies a nada en el momento de formular tu objetivo. El universo es inmenso. Todo lo que puedas pedir continua siendo minúsculo para la grandeza del universo.

5.- Piensa en un objetivo que sea bueno para todos:

El objetivo que te estés planteando debe ser:

A. Bueno para ti

B. Bueno para tu entorno

C. Bueno para todas las partes implicadas

A.- Debe ser bueno para ti

Te estarás preguntando… ¿Cómo no va a ser bueno para mí si lo pido yo?

Pues bien, en muchas ocasiones una persona desea una mejora personal. Pero resulta que no ha hecho un cálculo real de las consecuencias que conlleva dicha mejora.

Imagina una persona que trabaja en una fábrica como técnico especialista. Esta persona desea acceder a un cargo superior como jefe de personal para cobrar más y tener un trabajo de menor esfuerzo físico. Él o ella formula su petición a la empresa y la empresa accede. La persona consigue el ascenso. Al cabo de un año de estar ocupando el cargo de jefe de personal, se da cuenta de qué está muy estresado y de que lo pasa muy mal. Ahora tiene que enfrentarse y exigir más productividad a sus antiguos compañeros técnicos. Cada día llega a casa tenso y cargado con los problemas de la empresa, e incapaz de desconectar del trabajo. Finalmente, se da cuenta de que no le compensa la mejora salarial en comparación con la responsabilidad, las funciones y las acciones que conllevan su nuevo cargo.

Este no es un caso aislado. Sucede mucho más de lo que te puedas imaginar. Puede ser incluso más sencillo:

Resulta que pides hacer más horas en tu trabajo. Entonces, cobras más, pero no puedes salir a hacer deporte, cosa que para ti es vital, lo necesitas… En unos meses podrías sufrir las consecuencias del incremento de horas trabajadas, en forma de estrés y frustración por renunciar a algo que es muy importante ti, para tu cuerpo y tu mente, el deporte.

Sin duda alguna, a la hora de formular tu objetivo deberás hacer una valoración de las consecuencias positivas y negativas que puede tener para ti. Si las consecuencias positivas ganan por goleada… adelante. Si las consecuencias negativas ponen en peligro tu bienestar emocional, estará bien volver a repasar el proceso y reformularlo todo.

B.- Debe ser bueno para tu entorno:

Al igual que en el punto anterior, es deseable que el objetivo que te propongas también beneficie a tu entorno.

Si para que tú mejores, alguien de la familia o de tu entorno más cercano tiene que hacer un gran sacrificio, tal vez esa no sea la mejor opción.

Pongamos un ejemplo ficticio:

Deseas un ascenso en tu empresa para obtener más ingresos y para desarrollarte profesionalmente, pero resulta que ese cargo implica viajar constantemente y pasar semanas enteras fuera de casa. Hace pocos meses que has sido papá y tienes un bebé en casa.

- ¿Qué consecuencias puede conllevar el ascenso en un momento así?
- ¿Es bueno para tu esposa e hijo?

Estas preguntas tienes que hacértelas antes de lanzarte hacia la consecución de un objetivo. Es más que recomendable dedicar un tiempo a analizar las consecuencias, tanto a nivel personal como a nivel familiar, como para el entorno más cercano.

C.- Debe ser bueno para todas las partes implicadas:

Al decir que tu objetivo debe ser bueno para todas las partes implicadas, me refiero al hecho de que, por ejemplo, no sería nada equilibrado el hecho de que tú accedas a un puesto superior en el trabajo a costa de perjudicar a la persona que ocupaba ese cargo.

Hay muchas personas para las que "el fin justifica los medios". Tal vez se beneficien a corto plazo de esa situación, pero te aseguro que eso es todo lo contrario a lo que te intento transmitir a lo largo de todo este libro.

Esa persona que actúa por interés personal, y que, perjudica intencionadamente a otras para su propio beneficio, está generando un desequilibrio. Esto es algo así como un "karma" que en algún momento se tendrá que compensar y reequilibrar. Tal vez las consecuencias de ese "karma" no afecten a esa persona directamente, si no es así, probablemente afectarán a un descendiente suyo.

- Él se enriqueció con malas prácticas, perjudicando a otras personas → Un hijo o un nieto no puede salir de la pobreza, o enferma, y todo el dinero no es suficiente para curarlo.

Estas son las compensaciones de las que he hablado en el capítulo 4: "El peso de la herencia familiar". Estas compensaciones pueden ser una verdadera "losa" para el descendiente, que acaba siendo víctima de esa compensación.

Aunque el hijo no tiene ninguna culpa de las malas acciones de su ancestro, la verdad es que esto sucede y es duro de llevar. Por suerte, es posible sanar dichos desequilibrios a través de diferentes trabajos de acompañamiento y con la ayuda de herramientas como la biodescodificación.

Puedes creer en ello, o no, pero te recomiendo que cada vez que pidas una solución para un problema que tengas, lo hagas pidiendo con todo tu corazón una solución que sea beneficiosa para todas las partes implicadas. De esta forma, todo estará en armonía, y será bueno para ti y tu familia.

- ¿Y cómo se traduciría esto en el ejemplo que he planteado?

Pues pidiendo dicho puesto, pero accediendo a él de la forma más armoniosa posible y que sea en beneficio de todos. Tal vez, a la persona que ocupaba dicho puesto le ofrecen un cargo superior al suyo porque un directivo se acaba de jubilar o se desplaza a otra sede de la empresa.

Déjale esa parte al universo, a la vida. Ya sabes, el universo tiene muchos más recursos que toda la humanidad junta.

En resumen, cualquier objetivo que te propongas debería pasar este filtro para que sea totalmente "armonioso" con la vida:

Debe ser bueno para todas las partes implicadas:

- Bueno para ti
- Bueno para tu familia y bueno para tu entorno más cercano
- Bueno para todos

Cuando tu objetivo ya haya pasado el filtro "bueno para todos", te emplazo a que hagas un pequeño ejercicio mental y de observación corporal para valorar si es realmente bueno para ti. Viene a ser como **un control de calidad** del objetivo.

Visualización y percepción corporal. "La prueba del algodón"

Se trata de que te repitas varias veces a ti mismo la definición que has elaborado de tu objetivo, la cual debe contener los siguientes requisitos:

1. Definir el objetivo de forma clara y concisa
2. Redactar el objetivo en positivo
3. Redactar el objetivo en presente
4. Pensar a lo grande
5. Pensar en un objetivo bueno para todos

Cierra los ojos, respira profunda y suavemente varias veces, y vuelve a repetirte la definición de tu objetivo. Observa cómo te sientes a nivel interno al imaginarte con el objetivo ya conseguido, diciéndolo nuevamente de viva voz, en positivo, en presente, como algo ya materializado, algo que ya estás disfrutando…

- ¿Cómo te sientes?
- ¿Cuál es tu sensación?

Tal vez te cueste un poco sentir las sensaciones si no estás acostumbrado a observar la respuesta de tu cuerpo ante diferentes situaciones. Pero te animo a que lo practiques las veces que sea necesario hasta que puedas distinguir claramente si la sensación es agradable o desagradable.

¡Esa es la clave!

En realidad, es tu cuerpo el que manda:

- **Si la sensación es agradable → Es bueno para ti → Adelante**
- **Si la sensación es desagradable → No es bueno para ti → Revisa el objetivo**

Observa tu cuerpo porque es el que está contigo las 24 horas del día, y debes ser muy fiel a lo que te exprese.

Ten en cuenta que, quizás, aquello que es muy, muy bueno para un amigo o familiar tuyo, tal vez sea pésimo para ti y para tu situación personal en el momento presente.

Por esa razón, es bueno que observes las sensaciones y las señales que manda tu cuerpo cuando lo pones en situación, cuando ya lo sumerges mentalmente en los efectos que conlleva haber cumplido el objetivo.

Cualquier señal de tensión corporal la debes analizar para ver qué es lo que hay detrás. Así, podrás saber si lo que genera tensión o incomodidad es un miedo injustificado o algo realmente importante. Algo que si es obviado te podría llevar a unas consecuencias indeseadas.

Es por eso que la respuesta solo te la podrás dar tú. Alguien te podrá acompañar en el proceso de preparación, pero la decisión final debe ser tuya, pues nadie puede percibir lo que tu cuerpo expresa.

Por esa misma razón, te deberás autorresponsabilizar de la decisión que tomes, exonerando a cualquier otra persona de cualquier responsabilidad respecto a tus decisiones. Y esto es así, tanto si tomas la decisión en un sentido (avanzar hacia la consecución del objetivo), como si la tomas en sentido contrario (no actuar, o cambiar de objetivo).

6.- Suelta el control. Desapégate del resultado

Si ya has llegado hasta aquí… **¡ENHORABUENA!**

Ya has hecho el 90% del trabajo. Has hecho la parte más dura, un trabajo interior de liberación de bloqueos, realizado durante la primera parte del libro. Y un trabajo más práctico, enfocado en la consecución de un objetivo concreto.

A partir de aquí, deja el objetivo en manos del universo, de la vida. Deja que las cosas se muevan por sí solas. **Suelta el control** sobre cómo debes alcanzar el objetivo. Permite que el universo pueda intervenir en tu proyecto, asóciate con él y deja que te facilite las cosas. Tiene muchos más recursos que tú y que yo, y mucha más experiencia.

Soltar el control no quiere decir que no hagas nada más para acercarte al objetivo. Más bien **se trata de dejar la mente totalmente abierta a cualquier solución creativa.**

Esta es, sin duda alguna, una parte difícil del trabajo porque nos han enseñado a estar controlando continuamente los procesos y los resultados.

Aquí se te pide lo contrario, se te pide que te dejes sorprender, que te dejes llevar y que estés muy atento a posibles oportunidades que puedan aparecer. Oportunidades que ni tan siquiera habías intuido, pero que pueden acercarte a tu objetivo de una forma más rápida y eficaz que la que en un primer momento habías previsto.

Es importante soltar también el control sobre el tiempo necesario para conseguir tu meta. No sabes si tal vez se deba acelerar o ralentizar el proceso, o incluso detener. Deja a la vida que se mueva, al ritmo que considere adecuado y confía en ello.

Aprende a confiar y a soltar. **Confía en que la vida se mueva a tu favor**. Ten la certeza de que así será.

Acepta el proceso y déjate llevar.

Déjate llevar, al mismo tiempo que tú vas avanzando. Tú debes seguir alimentando el proyecto y ejerciendo acciones.

CAPÍTULO 19
LA IMPORTANCIA DEL PRIMER PASO

Cuando ya has formulado tu objetivo y has hecho "la prueba del algodón", o sea, el test corporal… llega el momento de dar el primer paso.

El primer paso es muy importante porque pone de manifiesto que estás decido a hacer realidad tu objetivo, que estás mandando una señal a la vida de que ese es tu deseo, y vas a hacer lo posible para conseguirlo. Estás mandando el mensaje de que **ya estás en movimiento**. Y por atracción, la vida, el universo, se comenzarán a mover hacia tu dirección. Te van a acompañar en el proceso.

Acabas de pasar de la planificación mental y sobre el papel, a la acción. Y ese es un mensaje que el universo capta como si fuese una orden. Es una orden para actuar, como el pistoletazo de salida que te acerca a la meta.

Ese primer paso puede ser muy sencillo:

- Una llamada telefónica
- Un primer trámite burocrático
- Una búsqueda de información
- Hablar del tema con alguien que te pueda aconsejar
- Etcétera

Cualquier cosa que hagas y que esté relacionada con acercarte a tu objetivo será válida. Es el equivalente a presionar la tecla "Enter" del ordenador en el último paso de una compra online.

Cuando das el primer paso, acabas de transmitir a la vida el mensaje: **"adelante con el objetivo"**

Habla sobre tu propósito

Ahora toca hablar sobre tu propósito, tu proyecto, tu objetivo…

Salvo que tu objetivo esté relacionado con algún tipo de patente o derechos de propiedad intelectual, es bueno que hables sobre él. Esto es parte del proceso.

Cuantas más personas sepan que ese es tu objetivo, a más personas puede llegar la información. Y eso puede permitir un mayor número de interacciones para ayudarte a dar los siguientes pasos.

Es habitual ver cómo al hablar con un amigo sobre una problemática a la que buscas una solución, el amigo en cuestión se acuerde de alguna persona que es experta en ese tipo de problemáticas. Ese amigo te podrá ofrecer un contacto válido.

No es necesario que sepas de todo. Tú no tienes que hacerlo todo. Puedes delegar algunas tareas a personas que tienen experiencia en diferentes áreas que tú no dominas. Al hablar en tu entorno de los pasos que tienes que ir dando, van a ir aflorando soluciones válidas para cada situación.

Solo un detalle o precaución a tener en cuenta… evita hablar de tu proyecto con aquellas personas de tu entorno que suelen ser pesimistas, porque te lo van a desmontar. Si es posible, a estas personas mejor se lo explicas cuando el proyecto esté avanzado o ya materializado. Es un "consejillo" de amigo.

¡Cuidado porque el pesimismo es contagioso y te puede desmoralizar! Y por la Ley de la atracción…

Sin duda **será mejor que te rodees y compartas con personas optimistas o individuos que ya tienen experiencia positiva en lo que tú deseas llevar a cabo.**

Atención a las "sincronicidades"

Has formulado el objetivo, has hecho el test corporal, has dado el primer paso y has comenzado a hablar sobre tu proyecto… Ahora toca observar a tu alrededor. Observa todo lo que sucede en tu entorno. Mantén la mente abierta para captar cualquier respuesta a tu demanda, por sutil e insignificante que esa respuesta parezca.

- **¿Qué es una sincronicidad?**

Sincronicidad es un término acuñado por Carl Gustav Jung que se utiliza para describir la **coincidencia significativa de dos o más sucesos** cuyo contenido sea similar o el mismo, y que están **relacionados entre sí de una manera no causal.** Es decir, que no son coincidencias casuales. Aunque muchas personas a estos hechos los llaman "casualidades", yo personalmente hace mucho tiempo que no creo en las casualidades.

En lo que sí creo es en la Ley de la creación y la Ley de la atracción.

Creo en su máxima: **CAUSA → EFECTO.**

Si el EFECTO es una coincidencia, está generado por una CAUSA: los primeros pasos que das para alcanzar tu objetivo.

Te lo explico con un nuevo caso real.

Un día viene a verme un amigo y nos vamos a tomar un refresco a un bar cercano. Durante la conversación me comenta que está buscando un coche de segunda mano porque su coche se le ha quedado pequeño. El propietario del bar no pudo evitar escuchar la conversación, y al cabo de un momento le comenta a mi amigo que, si le interesa, a 50 metros del bar vive una persona que se dedica a la compra-venta de automóviles.

Yo llevo seis años viviendo en la zona y no tenía ni idea de que hubiese una persona que se dedicaba a la compra-venta de automóviles.

Esa es la fuerza y el poder que tiene hablar de tus objetivos. Hablar de ello conduce a **sincronicidades.** Eso que algunos llaman "casualidades".

En realidad, **se trata de la Ley de la atracción en plena acción**.

CAPÍTULO 20
LOS PRIMEROS RESULTADOS → AGRADECIMIENTO

En poco tiempo, seguro que comienza a aparecer algún resultado positivo. Comenzarás a obtener tus primeras respuestas positivas al trabajo realizado y a los pasos que has ido dando.

Llegado ese momento, es muy importante hacer un trabajo interior de **agradecimiento**.

¿Verdad que sienta bien que te den las gracias cuando haces algo por alguien?

¡Pues a la vida y al universo también le sienta bien! Es más, suelen responder con mucha **generosidad a tu agradecimiento**.

Así pues, si eres agradecido con la vida cuando comienzas a recibir los primeros resultados positivos, ese mismo agradecimiento servirá de combustible para conseguir más avances y más prosperidad.

Da las gracias por todo lo que llega a tu vida y después ve más allá…

Te propongo hacer un **ejercicio diario de agradecimiento**.

Durante los próximos días, cuando te levantes, cada mañana, dedica diez o quince minutos a agradecer todo lo que ya tienes en tu vida.

DA LAS GRACIAS por todo lo que esté relacionado con:

- La familia
- El trabajo
- El dinero
- La pareja
- La vivienda
- Automóvil
- Los amigos
- Los compañeros de trabajo
- Los servicios que disfrutas:
    - Electricidad
    - Gas
    - Teléfono
    - Internet
    - Recogida de basuras
    - Sanidad
    - Educación
    - Limpieza municipal
    - Seguridad
    - Reparaciones diversas
    - Asesoramientos
- La naturaleza
- El ocio
- Y un largo etcétera

Puedes alargar la lista tanto como quieras y dedicar un día a cada uno de los puntos de la lista.

Practicando este ejercicio diario, y entrando en la auténtica sensación de agradecimiento, la vida no tiene otra opción que enviarte más situaciones para agradecer.

Estarás en total sintonía con la abundancia y la prosperidad.

CAPÍTULO 21
LA GENEROSIDAD

Significado de **generosidad**: es un concepto que se refiere a la **acción de dar y compartir por encima del propio interés, y sin esperar nada a cambio**. Se trata de una virtud y un valor positivo que puede asociarse al **altruismo**, la **caridad** y la **filantropía**.

Lo contrario a la generosidad sería la avaricia, el egoísmo y la tacañería.

Ser generoso, es algo que te permitirá acercarte aún más rápidamente a tu objetivo.

Cada vez que actúas de forma generosa, estás enviando un mensaje de abundancia a la vida y al universo. Y gracias a la Ley de la atracción te será devuelto con más abundancia y más prosperidad.

Cada vez que haces un acto de generosidad **sin esperar nada a cambio,** estás activando todos los mecanismos de abundancia de la vida.

He querido destacar "sin esperar nada a cambio", porque **es bastante normal ver a gente que da mucho, pero después esperan que se les devuelva.** En realidad, **esto sería más un intercambio que un acto de generosidad**. Si por lo menos lo llamasen por su nombre, no daría lugar a dudas ni a confusiones.

Para dar de esa forma, e ir disfrazándolo de generosidad, mejor dar menos o simplemente no dar.

Cuando te hablo de generosidad, hablo de dar sin esperar absolutamente nada a cambio. Dar por dar, dar por ayudar a que otra persona pueda mejorar su situación personal, dar porque te apetece regalar. Esa es la auténtica generosidad.

Puedes practicar la generosidad de muchas formas. Ofreciendo:

1. Dinero
2. Tiempo
3. Información
4. Conocimientos
5. Ayuda o cuidados
6. Amabilidad

1.- Ofrece dinero:

Tal vez sea esta una de las formas de generosidad a las que más acostumbrados estamos. Ofreciendo dinero, puedes ayudar a una persona en particular que esté en situación de dificultad. O puedes ayudar a una entidad, que a su vez ayuda a un colectivo desfavorecido, a una asociación de investigación sobre salud, etc.

Puedes decidir en qué cuantía y en qué sector te apetece ser generoso, si esta es la forma en que quieres compartir, pero hay más formas de generosidad.

2.- Ofrece tiempo:

Esta es otra forma de generosidad tal vez menos cuantificable, pero que muchas personas la pueden agradecer y mucho.

Hay personas que, sencillamente, necesitan tu presencia o la presencia de alguien de vez en cuando. Tal vez se trate de un familiar, un amigo, un compañero de trabajo,… simplemente alguien al que tu acompañamiento le puede resultar reconfortante, alentador, inspirador…

Puedes aportar una parte de tu tiempo para promover acciones colectivas, para organizar encuentros, excursiones con amigos… y un largo abanico de posibilidades.

Compartir una porción de tu tiempo se convertirá, sin duda alguna, en un acto de generosidad.

3.- Ofrece información:

La información puede llegar a tener un gran valor cuando, por ejemplo, te encuentras sin empleo y tu entorno sabe que estás buscando trabajo. Si alguien que te conoce se entera de que en una empresa están incorporando personal, haber compartido esa información será valioso. ¿Verdad que agradecerías que dicho conocido se pusiese en contacto contigo y te pasase esa información?

No dudes ni un segundo en que, gracias a compartir una información, puedes ayudar a alguien. A ti te costará muy poco, y puedes generar un gran beneficio en otra persona.

En muchas ocasiones, puede ayudar más, compartir una información, que ofrecer una importante cantidad de dinero para cubrir una dificultad.

4.- Comparte conocimientos:

Si sabes mucho sobre alguna materia en concreto: música, arte, mecánica, filosofía, salud, deporte, ventas… es bueno que compartas lo que sabes. No te lo guardes para ti, no tienes nada que temer.

¡Cuánta gente ha muerto llevándose a la tumba multitud de conocimientos capaces de mejorar el bienestar de la humanidad!

Es por eso que te animo a que, si eres un experto en un tema, lo compartas. No tiene por qué ser de forma gratuita. Tienes derecho a cobrar por transmitir los conocimientos que tanto tiempo y esfuerzo te han costado adquirir. Lo importante es, que no te lo guardes para ti.

Puedes hacer mucho bien transmitiendo parte de lo que sabes, o todo, a quien esté interesado y dispuesto a aprender de ti. Justamente es eso lo que me ha impulsado a escribir este libro y a crear formaciones relacionadas con la abundancia y la prosperidad.

He considerado que estos conocimientos deben llegar a cualquier rincón del mundo, a toda persona que esté interesada en aprender y mejorar su situación económica desde el equilibrio y armonía. Armonía propia y la de su entorno.

5.- Ofrece ayuda o cuidados:

Hace unos 10 años, un domingo por la mañana quedé con un grupo de amigos para pasar el día en una ciudad cercana. Teníamos la intención de ver un par de monumentos y comer juntos.

Salimos del primer recinto cultural que visitamos y en una plaza vimos a un hombre tirado en el suelo con una botella de vino a su lado. Sin duda alguna, estaba totalmente "borracho". Pasaba bastante gente por la plaza. Los transeúntes miraban la escena, y nosotros también. Entonces veo a Pep, un compañero de nuestro grupo, que se acerca al señor que estaba en el suelo, lo coge, y le ayuda a incorporarse. Acto seguido, varios miembros del grupo también nos acercamos a ayudar. Pep le pregunta si necesita que lo llevemos a un centro de salud, y el señor contesta que no, que se encuentra bien y que ya se le irá pasando. Le ayudamos a sentarse en un banco de la plaza y el señor decide quedarse allí.

Ese día recibí, por parte de Pep, **una lección de calidad humana**, como pocas veces en mi vida. Mientras todos los demás veíamos la situación con cierto miedo o rechazo, Pep no lo dudó ni un segundo y se acercó a ayudar. Aún hoy, en el instante que describo ese hecho, se me saltan las lágrimas de la emoción. En realidad, esa actitud debería ser la más habitual y cotidiana, por parte de todo el mundo, pero todos sabemos que no es así.

Gracias al primer paso que dio Pep, y al hecho de acompañar su acción, me sentí muy bien ese día. Creo que si no hubiese actuado, mi sensación hubiese sido de malestar, incluso con ciertos sentimientos de culpabilidad o autorreproche.

Con lo descrito en el ejemplo, puede quedar muy claro que es bueno ayudar o cuidar, en la medida que uno pueda. Ayudar es otra forma de generosidad. Con esa actitud estás emitiendo un mensaje de abundancia. Abundancia de amor al prójimo. Y eso vuelve, regresa a ti en forma de prosperidad.

Nota: No hay que confundir, ayudar y cuidar, con sacrificarse. Si entras en el "sacrificio", entonces es a ti a quien no ayudas. O, mejor dicho, te vas a perjudicar.

6.- Ofrece amabilidad:

¿Qué sientes cuando vas a un comercio, a un bar, o a un restaurante, y la persona que te atiende lo hace de malas maneras o enfadada? ¿Y al contrario? ¿Qué sientes cuando te atienden con amabilidad?

Sin duda alguna, para mí, en el primero de los casos, no me quedan demasiadas ganas de repetir. En el segundo caso, me queda una sensación totalmente agradable, y tendré ganas de volver a ese sitio.

Es muy habitual, además, que hables bien del lugar donde has sido bien atendido. Y si hablas bien de ese lugar, es fácil que alguien de tu entorno también se interese por ir. Eso generará riqueza y abundancia a dicho comercio.

Lo mismo sucede contigo a nivel personal. Si te comportas y te relacionas de forma amable con las personas con las que interactúas, se te devolverá abundancia y prosperidad en las relaciones personales. Y, después, eso puede transformarse en riqueza económica.

Solamente es necesario que observes en ti, la diferencia entre la sensación que tienes cuando tratas con una persona enfadada, y la que sientes cuando tratas con alguien amable.

Actúa basándote en cómo desearías ser tratado tú.

7.- Regala sonrisas:

Tal y como acabas de leer: regala sonrisas. En todo momento, a todo el mundo, inténtalo aunque estés cansado o triste.

Está comprobado científicamente que **al sonreír**, aunque estés forzando el gesto, **no puedes estar triste** y el enfado se disolverá. Sonreír obliga a tu cerebro a segregar endorfinas, que son los neurotransmisores del bienestar. Las endorfinas también disminuyen el dolor físico y emocional.

Ese es el efecto bioquímico de la sonrisa, pero la sonrisa tiene un efecto mucho más potente todavía en lo que a las relaciones personales se refiere.

Cuando sonríes a la persona que está frente a ti, esa persona percibe apertura, amabilidad, comodidad y bienestar. Y estas son sensaciones que, sin duda alguna, se retroalimentarán hacia tu vida. Estarás emitiendo apertura, bienestar, y ya sabes que puede conllevar… más apertura y más bienestar para ti, en forma de prosperidad.

No te quepa la menor duda que, practicar cualquiera de estas formas de generosidad, o todas ellas, te acercará más rápidamente a la prosperidad.

¡Adelante! ¡**COMPARTE GENEROSIDAD!**

CAPÍTULO 22

OTROS ASPECTOS QUE AYUDAN A ATRAER PROSPERIDAD

HAZ TODO CON ALEGRÍA

Si tienes un trabajo que no te gusta o que no te satisface, haz lo que puedas para mejorar tu situación laboral o para cambiar de trabajo, pero, mientras tanto, **intenta agradecer todo lo bueno que te aporta ese empleo**. Aunque, como aspecto positivo, solo veas el salario que cobras, es deseable que te centres en agradecer dicho sueldo. Este gesto te acercará más a la abundancia y a la prosperidad, ya que estás en conexión con el sentimiento de agradecimiento, un sentimiento que te hará sentir mejor que el que acompañaría a la queja.

Si dedicas mucho tiempo a observar todo lo que no te gusta, y no dejas de quejarte, aunque solo sea a nivel mental, con pensamientos, eso es lo que puedes atraer hacia ti: más motivos para quejarte.

Céntrate en cualquier aspecto positivo, y en crear un futuro mejor y más acorde con tus necesidades reales. De esta manera, estarás en sintonía con la creatividad, la abundancia y más cerca de lo que deseas.

Este aspecto también es trasladable a las tareas cotidianas, a las relaciones personales, etc. Intenta hacer todo con la máxima alegría, con amor... aunque sean tareas que no te gusten. Procura hacer lo posible para transformar esas tareas en algo positivo.

Te puedes acompañar de tu música favorita mientras haces esas labores, o de audios que te gusten. Utiliza cualquier cosa que te ayude a hacer que tu sensación sea más agradable.

En realidad, de lo que se trata es de estar la mayor parte del día en un estado de bienestar. De esta forma, seguirás atrayendo bienestar de forma continuada.

VALÓRATE POSITIVAMENTE Y CRÉETE MERECEDOR

La autovaloración también es un aspecto de gran influencia en cuanto a la capacidad de conseguir objetivos.

Marian, chica de 36 años que acaba de dejar un trabajo como administrativa en una empresa. Deseaba volver a trabajar lo más rápidamente posible. Y no quería dejar pasar ninguna oportunidad que le pudiesen ofrecer.

A los dos días de dejar el trabajo, paseándose por una zona comercial, vio un cartel en una tienda en la que buscaban dependientas.

Marian entró a interesarse por la oferta de trabajo. Las dependientas de la tienda le comentaron que no valía la pena rellenar la solicitud porque los propietarios ya tenían una candidata seleccionada. Habían tomado la decisión, y solo les queda comunicárselo a la persona elegida.

Aun así, Marian insistió en su intento y consiguió hablar con uno de los propietarios, quien le hizo una entrevista. Al día siguiente, le informan de que la vacante es para ella.

Sin duda, Marian estaba convencida de que era totalmente válida para ese puesto de trabajo, y transmitió su seguridad en sí misma a la persona que la entrevistó. Sentía que era la candidata ideal para dicho puesto, y que era totalmente merecedora de lo que ofertaban.

He visto multitud de casos como este en los acompañamientos que hago. Personas que al mostrarse seguras de sí mismas, llegan a conseguir puestos de trabajo que incluso requieren más formación y estudios de los que dichas personas poseen. Pero, gracias a su seguridad y actitud, consiguen que las contraten y, no solo eso, sino que, además, acaban siendo muy productivas y rentables para la empresa.

De hecho, hoy en día grandes corporaciones contratan a gente con buena actitud, seguridad, pasión por lo que hacen y muchas ganas de aprender, más que por sus titulaciones o experiencia. Bueno, en realidad esto no es nada nuevo. Es algo que toda la vida se ha venido haciendo en las pequeñas empresas.

CUÍDATE Y SÉ CUIDADOSO CON TU ENTORNO

Cada vez que realizas una acción para cuidarte, mandas a la vida y al universo el mensaje de que te amas y respetas. Y se te devuelve justamente eso: amor, cuidado hacia ti, y respeto.

Ten presente, en todo momento, que debes cuidarte:

- Cuida tu cuerpo
- Cuida tu mente
- Cuida tu alimentación

Cuida de tu cuerpo haciendo ejercicio de forma regular, cuida tu alimentación y, sobre todo, cuida tu mente. Cuida tus pensamientos porque tienen una gran influencia en tu salud emocional y física.

No maltrates tu cuerpo con excesos, sean de comida o de sustancias tóxicas.

Si maltratas tu cuerpo, ¿por qué razón la vida te debería cuidar? La vida te responderá de una forma u otra, en función de cómo te trates tú.

Elisabeth, una chica joven, llega a consulta muy nerviosa y enfadada porque todo le va mal. Le han sancionado varias veces por conducir bajo los efectos del alcohol y, tras su última sanción, se enfrenta a la retirada del carné de conducir. Hasta ese momento, su vida era caótica, sin ninguna organización ni horarios. Elisabeth llevaba su cuerpo al extremo, comiendo muy mal y durmiendo muy poco.

Pasé más de una hora transmitiéndole el mensaje de que si ella estaba haciendo eso con su cuerpo, la respuesta que venía de fuera, de la vida, no podía ser demasiado amistosa. Tal vez la vida, en este caso a través de las sanciones de la policía, le estaba transmitiendo un contundente mensaje para que cambiase de actitud.

En un principio, Elisabeth estuvo algo reacia al mensaje y a hacer cambios. A partir de la segunda sesión de acompañamiento empezaron a notarse los efectos. En muy poco tiempo, y después de comenzar a cuidarse y dejar los excesos, Elisabeth cambió su "mala suerte" y su vida ha dado un giro de 180 grados. Ahora lleva una vida organizada, se cuida mucho más y, por supuesto, la vida se lo está haciendo saber ofreciéndole un trabajo estable y satisfactorio, que llevaba mucho tiempo buscando, recibiendo el reconocimiento de sus jefes, y llevándole, consecuentemente, a la prosperidad.

Lo mejor de todo es que ha integrado perfectamente esta información y la importancia que tiene tratarse bien a sí misma, cuidarse físicamente y también mentalmente. Esta es una información que le resultará de gran valor durante toda su vida.

Para finalizar, también me gustaría que tuvieses presente que es igual de importante cuidarte a ti que cuidar de la Naturaleza, el entorno, la Madre Tierra, que es la que nos provee de todo lo que necesitamos para vivir.

Si tú te cuidas y cuidas a la Tierra, la Tierra, la vida, te responderá con generosidad, abundancia y prosperidad.

TAREAS PARA ATRAER LA ABUNDANCIA Y LA PROSPERIDAD

- Haz un análisis exhaustivo de tu situación actual
- Elabora un presupuesto y respétalo:
  - Adáptate a tus posibilidades
- Invierte en formación
- Págate a ti mismo:
  - Crea fondos de reserva
- Administra tu tiempo
- Define tu objetivo
  - Define dicho objetivo de forma clara y concisa
  - Redacta tu objetivo en positivo
  - Redacta tu objetivo en presente
  - Piensa en grande
  - Piensa en un objetivo que sea bueno para todos:
    - Bueno para ti
    - Bueno para tu entorno
    - Bueno para todas las partes implicadas
  - Suelta el control
  - Visualización y prueba corporal "la prueba del algodón"
- La importancia del primer paso:
  - Habla sobre tu propósito
  - Permanece atento a las "sincronicidades"
- Los primeros resultados → Agradecimiento
- La generosidad. Comparte:
  - Dinero

- o Tiempo
- o Información
- o Conocimientos
- o Ayuda o cuidados
- o Amabilidad
- o Sonrisas
- Otros aspectos que ayudarán a atraer prosperidad:
  - o Haz todo con alegría
  - o Valórate positivamente y créete merecedor
  - o Cuídate y sé cuidadoso con el entorno

Llegaste al final

¡¡Enhorabuena!!

Espero de todo corazón que hayas disfrutado de la lectura y le saques mucho provecho.

Me encantaría recibir noticias tuyas sobre las mejoras que experimentes a nivel económico y personal a partir de la lectura de este libro.

Puedes enviar un correo electrónico a: info@elcaminosecreto.com

Si te ha gustado el libro y lo encuentras útil, te agradecería que dejaras algún comentario o reseña en la página del libro, en Amazon. Tu opinión servirá de ayuda para muchas personas, y a mí, me servirá de estímulo para seguir escribiendo sobre este, u otros temas de interés.

Muchas gracias por tu colaboración.

Vuelve a leer el libro cada vez que sientas algún bloqueo o pienses que las cosas no acaban de fluir como a ti te gustaría.

En cada lectura integrarás nuevas informaciones.

Si deseas hacer un trabajo personal de autoconocimiento con las herramientas de la biodescodificación, puedes **DESCARGAR GRATUITAMENTE** el **EBOOK:** "Autoconocimiento a través de la Biodescodificación" que encontrarás en las webs: **www.saludricard.com** y **www.elcaminosecreto.com**

Si deseas participar en cursos y talleres ONLINE consulta la agenda.

Si deseas hacer un **acompañamiento personalizado,** puedes solicitar una VISITA ONLINE o presencial través de:

- La web: **www.saludricard.com**
- Email: info@saludricard.com
- Whatsapp al teléfono que figura en la web

Puedes seguirme en redes sociales:

- https://www.facebook.com/saludricard/
- https://twitter.com/saludricard
- www.linkedin.com/in/saludricard

Biografía del autor:

Ricard Rodulfo lleva más de una década haciendo acompañamientos sobre mejora personal a través de la biodescodificación.

Especializado en biodescodificación y crecimiento personal, entre otras materias, a lo largo de los años, Ricard ha hecho miles de consultas tanto presenciales, en Lleida, como ONLINE. A través de estas consultas ha podido ayudar a multitud de personas de habla hispana residentes en distintos países, como España, Gran Bretaña, Escocia, Alemania, Estados Unidos, Grecia, Indonesia, Argentina, México, Uruguay, Ecuador, Costa Rica, Colombia…

Su pasión es ayudar a mejorar vidas, creando talleres grupales, presenciales u ONLINE, así como haciendo acompañamientos personalizados para indagar, localizar y liberar bloqueos que impiden disfrutar del bienestar económico, emocional, o incluso físico.

Para saber más sobre Ricard: **https://www.saludricard.com/sobre-mi/**

MUCHAS GRACIAS